古代の旧国マップ

旧国	現都府県
陸奥	青森・岩手・宮城・福島
出羽	秋田・山形
越後	新潟
佐渡	新潟
上野	群馬
下野	栃木
常陸	茨城
下総	茨城・千葉
上総	千葉
安房	千葉
武蔵	埼玉・東京
相模	神奈川
甲斐	山梨

旧国	現都府県
信濃	長野
伊豆	静岡
駿河	静岡
遠江	静岡
三河	愛知
尾張	愛知
美濃	岐阜
飛騨	岐阜
越中	富山
能登	石川
加賀	石川
越前	福井
若狭	福井
近江	滋賀
伊勢	三重
伊賀	三重
志摩	三重
紀伊	和歌山
大和	奈良

旧国	現都府県
山城	京都
丹後	京都
丹波	京都・兵庫
但馬	兵庫
淡路	兵庫
播磨	兵庫
摂津	兵庫・大阪
和泉	大阪
河内	大阪
阿波	徳島
土佐	高知
伊予	愛媛
讃岐	香川
備前	岡山
美作	岡山
備中	岡山
因幡	鳥取
伯耆	鳥取

旧国	現都府県
隠岐	島根
出雲	島根
石見	島根
備後	広島
安芸	広島
周防	山口
長門	山口
筑前	福岡
筑後	福岡
豊前	福岡・大分
豊後	大分
日向	宮崎
大隅	鹿児島
薩摩	鹿児島
肥後	熊本
肥前	佐賀・長崎
壱岐	長崎
対馬	長崎

北陸道
能登
若狭
加賀
越中
因幡
但馬
山城
丹後
越前
飛騨
美作
丹波
美濃
近江
長門
安芸
備後
備中
播磨
備前
尾張
三河
筑前
周防
淡路
讃岐
豊前
伊勢
肥前
筑後
伊予
阿波
大和
志摩
伊賀
豊後
土佐
摂津
紀伊
西海道
肥後
和泉
河内
畿内
南海道
日向
薩摩
大隅

コミック版

逆説の日本史

An Upside-Down History of Japan

Original Concept & Scenario : Motohiko Izawa / Manga : Kiyokazu Chiba

古代暗闘編

〔原作・脚本〕井沢元彦

〔漫画〕千葉きよかず

小学館

コミック版

逆説の日本史

古代暗闘編

まえがき

この「古代暗闘編」の最も重要なテーマは、藤原氏がいかにして天皇家から権力と財力を奪い、それを武士たちがどのように自分たちのものにしたかだ。藤原氏が実質的にこの国の「王者」であった平安中期は、「この世の地獄」とも言うべき日本史上最もひどい時代であった。藤原氏による高位高官の独占によって出世の望みを絶たれた中級貴族は、都に残ってケガレに満ちた検非《けび》違使《いし》などとして生活の糧を得るか、地方に国司として赴任し住民を絞り上げるか――その二つしか生きる道がなくなった。

しかし、なぜそんなことになったのかを理解するには、やはり世界史の常識を知ることが不可欠だ。原点に戻ろう。人類はどのように進化してきたのか？

生物学的な考察は別として、経済的には食料の安定供給がその「決め手」だろう。我々人類が巨大な脳を獲得したのは約四十万年前とされているが、それでもすぐに文明が発達しなかったのは、食料の安定供給ができなかったからだ。火や道具は使うにしても、基本的に毎日狩猟している状況では定住できないし、文化が発達しようもない。

ところが、そのうち狩猟の改良系としての「遊牧」というシステムが考案された。「動物を殺して食べる」という基本は同じだが、効率の悪い「狩猟」に対して、羊などの動物を繁殖させ食料にするというシステムである。ただし、羊が渡り鳥のように新鮮なエサ(草)を求めて移動するのに付き合わねばならないから、定住はできない。

これに対して「農耕」というシステムは、定住ができて食料等の蓄積も可能になり、それから生まれた生活の余裕から、様々なものを作った。当然、その情報を子孫や他の人間にも広めたいから、文字が必要になってくる。そして文字が発達すれば、後世の人間はそこからスタートができるから、食料だけでなく文化も蓄積され、加速度的に進歩する。東アジアの最先進国中国では、こうして文明が発達した。

ところで、中国大陸の北西部分は遊牧に適した草原であるのに対し、南東部分は農耕に適した田園地帯だ。そして、草原と田園で、遊牧民族と農耕民族がそれぞれ独自の発展を遂げた。

遊牧民族は移動が日常だから馬に乗れるし、動物を殺すのも日常だから武器の扱いにも慣れている。馬に乗った兵士つまり騎兵は最強だ。そこで遊牧民族は農耕民族から略奪を繰り返し、たまりかねた農耕民族は自分たちの領域を城壁で囲った。「万里の長城」である。城壁で略奪を防ぎ、大いに蓄積し、軍隊を整備することで、歴史上初めて遊牧民族を制圧したのが、漢王朝の武帝の時代だ。だからこそ彼らのことを「漢民族」と呼ぶようになった。中国史は遊牧民族VS農耕民族の闘争史なのである。

ところが、日本はまるで違う。日本では遊牧は発達せず、狩猟民族(縄文人)と農耕民族(弥生人)がある程度「平和共存」していた。それが日本史の姿なのである。

コミック版　逆説の日本史　古代暗闘編　目次

装幀　泉沢光雄

エピソード1
平城京と奈良の大仏を捨てた天智系の天武系への憎悪
奈良末期、熾烈《しれつ》な権力抗争の末に、天智《てんじ》系光仁《こうにん》天皇によって天武《てんむ》系皇統の排除が成立した。

桓武《かんむ》天皇による平安時代という、天皇家と藤原《ふじわら》氏との暗闘の歴史が新たに始まるわけだけど…
ムス
おや? 何か納得いかない顔をしているね。
光仁天皇に毒殺された元皇后と元皇太子ですよ。

あの人たちの無念の形相が頭を離れなくて…
天武の血筋だからって、なぜ夫であり父である天皇に殺されなければならないのか？
※井上皇后《いのえ》と他戸《おさべ》皇太子が天武の血を引いているからだけじゃない。
皇后も皇太子も、天皇になる前の※白壁王《しらかべおう》を馬鹿にしていたと思うんだ。
どうしてですか？
白壁王は、いつ粛清されるかしれない天智天皇の子孫。だから身を守るために、※伊勢斎王《いせさいおう》として婚期の遅れた天武天皇の子孫の井上内親王に近づいた。
結婚してください、と土下座でもしたんじゃないかな。彼ならやりかねない。
井上内親王はしぶしぶ白壁王と夫婦になった。彼女にすれば「あなたが生きていけるのは、私が結婚してあげたおかげ」と思っていたろうね。

※井上皇后：聖武天皇第一皇女井上内親王。

※白壁王：光仁天皇。桓武天皇の父で天智天皇の孫。

※伊勢斎王：斎宮とも。天皇の名代として伊勢神宮に遣わされた未婚の内親王。

それじゃ、白壁王が低く見られてても仕方ないですね。
二人の間に生まれた他戸親王にも、その感覚は伝わる。
しかも白壁王※はアルコール依存症のふりをしていた。当然、凡庸暗愚を装っていては、父親として尊敬されるわけがない。
演技賞ものでしたね。もし天武系の断絶という大事件がなかったら、白壁王は最後まで演技を貫き通したんでしょうか？
たぶん。あの意思の強さは尋常じゃない。
しかし、それでも二人を殺す必要があったのか…
直前までは夫婦として暮らしていたのに、
いくらソリが合わないからって殺しますか？別居すれば十分じゃないですか。
別居はよかったな。言いたいことは分かる。
身分を剥奪し、配流幽閉すればいいってことだろうけど、それじゃダメ。戻って説明しよう。

※白壁王：「古代黎明編」エピソード13に登場。

古今東西、「王家」が最も重要視するのは血統だ。
コト
ありがとう。
つまり先祖のDNAをどれだけ受け継いでいるかということ。
日本の天皇家はずっと男系のDNAを維持してきた。
ところが、それが乱れたのが、天智から天武の時代だ。
天智より年上の天武が、なかなか天皇になれなかったのは、新羅《しらぎ》系だったからだ。母親は斉明天皇だが、父親は新羅系だったんだろう。
つまり、この時代の天皇は、父は天皇家のDNA、母は百済《くだら》系のDNAを持つ人が、正しい血統だった。
ところが、その百済が「唐と手を組んだ民族の裏切り者」新羅によって滅んだ。

怒った中大兄皇子《なかのおおえのおうじ》つまり後の天智は、百済を復興しようと、朝鮮半島の白村江《はくそんこう》で唐・新羅連合軍と戦ったが、惨敗した。
そこで新羅を憎むあまり、今度は唐と手を組んで新羅を滅ぼそうとした。
それに「待った」をかけたのが、日本では「新羅派」のリーダーだった大海人皇子《おおあまのおうじ》、後の天武だ。
その「新羅派」が天智を暗殺し、その政権も滅ぼした。
百済と同様に新羅が滅んでしまったら、次は日本が唐にやられるからですね。
その通りだ。
だからこそ、普通は新羅派なんて絶対に支持しない人々も、壬申《じんしん》の乱では味方した。
新羅系王朝の誕生だ。だが、それを絶対に許すまじ、と考えた女性がいた。
皮肉なことに、父天智の意向で天武に嫁がされ、子まで産んでいたけどね。

持統《じとう》天皇ですね。
彼女は、自分の持つ百済系DNAを後世に残そうと、女系ではあるけど、息子の草壁《くさかべ》皇子の血統に天皇を継がせた。
ところが、草壁の孫の聖武《しょうむ》天皇の後を継いだ称徳《しょうとく》天皇の代で、それが途切れそうになった時、持統の思いは奇跡的に受け継がれた。
天智の男系を継ぐ白壁王が、光仁天皇になったからですね。
しかし、問題がある。
光仁は即位した時、六十歳を超えていた。当時ならいつ死んでもおかしくない年齢だ。
彼が死ねば、男系は天智系だが、女系が天武系の他戸《おさべ》皇太子が天皇になってしまう。
そうなったら、また天武系の復活という悪夢が再現されてしまう。
それで、
他戸を抹殺し、百済系の女性が産んだ桓武に後を継がせたんですね。
分かるかな。新羅は、百済にとって国を滅ぼした張本人。
朝鮮半島の三分の一を支配していた百済にすれば、恨み骨髄、究極の仇だ。

絶対に許されざる存在と言っていい。光仁天皇は、自分を苦しめた新羅の血統を天皇家から排除すると固く決意していたんだろう。
それを考えれば、平安時代初期がどういう時代だったかが分かる。
つまり、百済系天皇家の課題は、新羅系統を徹底排除した上で、本来の天皇家の政治と文化をいかに確立していくか、ということだ。
このことを念頭に置いて、平安時代を見ていこう。
まず、百済系の女性が産んだ桓武天皇は、父光仁がやろうとしてできなかったことを実行した。
それは？
ちょうどいい場面がある。見に行こう。
京 船《ふな》岡《おか》山《やま》

なるほど、平安遷都《へいあんせんと》ですね！
天智系の人々の気持ちになって考えればすぐに分かることだ。平城京《へいじょうきょう》なんてのは、天武の子孫が造った「偽りの都」にすぎない。
君だって親の仇が住んでいた家なんて見たくもないだろう。
言われてみれば確かに…なぜ気づかなかったんだろう。
当時の人の気持ちにならないからだよ。天智系による、天武系排除の意識がいかに強かったか。
そうだ。
あそこへ行ってみよう。
？

京　泉涌寺《せんにゅうじ》　霊明殿《れいめいでん》
今は室町《むろまち》時代…
ここは天皇家の菩提寺《ぼだいじ》、京都の泉涌寺だ。歴代天皇の位牌が祀られている。
今日《きょう》は※後醍醐《ごだいご》天皇の命日。
不幸に死んだ天皇でもあるし、盛大に法要が執り行なわれているところだ。
天皇の菩提寺？
仏式の位牌？そんなのあったんですか。天皇家は神道じゃなかったんですか？

※後醍醐天皇：鎌倉幕府を倒し建武の新政を実現するが、足利尊氏の反乱により、吉野に南朝を開き、尊氏の擁する北朝と対立。

現代はね。
正確に言えば、明治維新以前は神仏※混淆《こんこう》で、仏式の法要も行なわれていた。
ちょっと見にくいけど、
一番奥にある位牌は誰のものだと思う？
歴代ってことは初代神武《じんむ》天皇ですか？
いや、ここで言う歴代とは、平安京の初代のことだ。
それなら桓武天皇ですね。
そう。ただし、この寺では、その父である光仁天皇と、その先祖である天智天皇もお祀りしていると言っている。
つまり※天武天皇から称徳天皇までは排除されてるんだ。
ええっ、位牌がないってことですか？
ここにはね。
しかも泉涌寺は、それを隠していない。要するに、他の系統は認めてないってこと。研究所に戻ろう。

※日本固有の神と外来の仏を同一視して、両者を信仰すること。

※天武系統の天皇は、別の寺に祀られている。

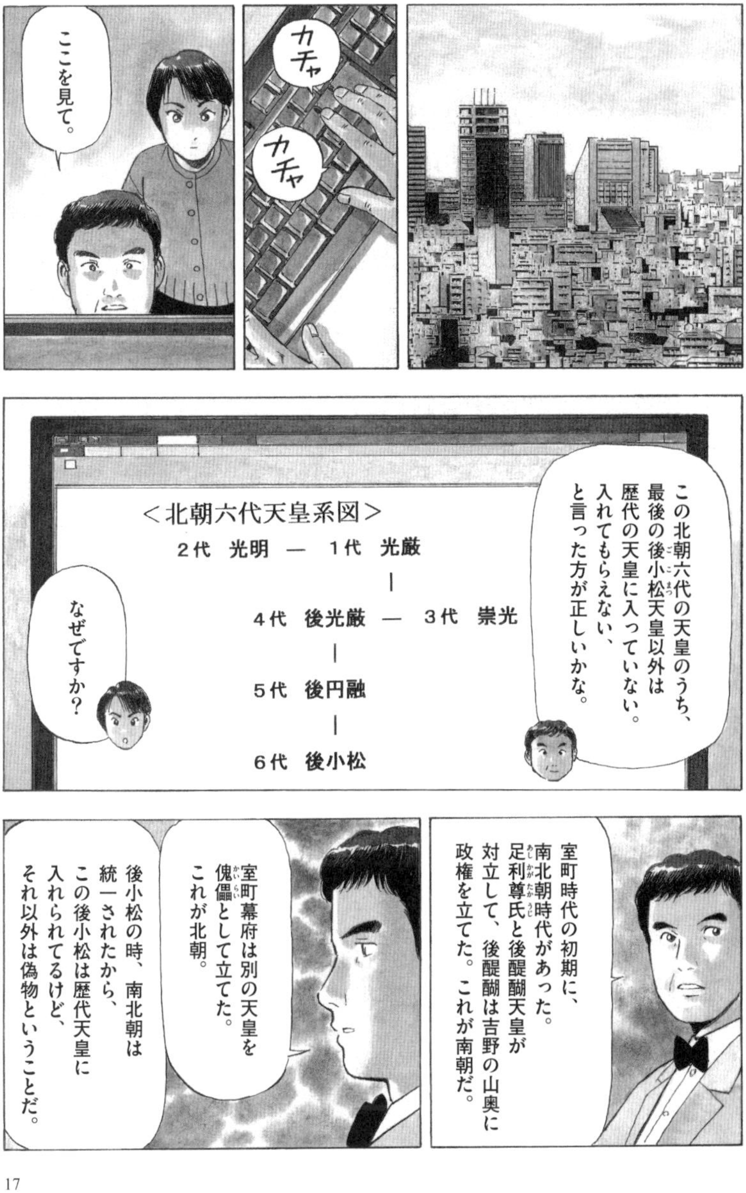
カチャ
カチャ
ここを見て。
＜北朝六代天皇系図＞
2代 光明 — 1代 光厳
4代 後光厳 — 3代 崇光
5代 後円融
6代 後小松
この北朝六代の天皇のうち、最後の後小松《ごこまつ》天皇以外は歴代の天皇に入っていない。入れてもらえない、と言った方が正しいかな。
なぜですか？
室町時代の初期に、南北朝時代があった。足利《あしかが》尊氏《たかうじ》と後醍醐天皇が対立して、後醍醐は吉野の山奥に政権を立てた。これが南朝だ。
室町幕府は別の天皇を傀儡《かいらい》として立てた。これが北朝。
後小松の時、南北朝は統一されたから、この後小松は歴代天皇に入れられてるけど、それ以外は偽物ということだ。

そうか、泉涌寺の祀り方と同じってことだ。
そう、天武系に対する天智系の激しい憎悪。偽物を排除しようとする強い意志。
これを理解しなければ、平安時代の歴史は理解できない。
排除と言えば、もう一つ重要なアイテムがある。
何でしょう?
分からない? 君なら分かるはずだよ。
天智系は、天武系の作ったものが何一つ気に入らない。平城京という都すら捨てたんだよ。
あ。
奈良の大仏ですね。
正解。膨大な国費を投じて、あれだけ苦労して造った世界レベルの建造物、それを捨てたんだ。
そうか、なぜそんなもったいないことをしたのか、考えなきゃいけないんだ。
分かってきたじゃないか。

でも徹底的に排除するなら、大仏を溶かして別の物を造るとか…
君はすばらしい！そこまで気がつくとは。
論理的に考えればそうですよね。なぜそうしなかったんだろう、桓武天皇は？
その疑問が解消できる場所に行こう。
大和国　乙訓寺《おとくにでら》
…母上。
元 皇太弟　※早良親王《さわらしんのう》
そんなに痩せて…食べておられませんね。
皇太夫人　※高野新笠《たかののにいかさ》

※早良親王：桓武天皇の弟。　※高野新笠：父が百済系渡来氏族の和氏。桓武天皇の母。

食は絶っております。
何ということを…死ぬおつもりか。
兄の望みを叶えて差し上げようかと…
兄自ら手を下すより、その方が寝覚めがよいでしょう。
何を馬鹿な。
そもそも無実の罪で死ぬことはありません。私から言い聞かせます。
無駄です。
兄は先帝である父の強い意志を受け継いでいます。東大寺を滅ぼすまで、引き下がらないでしょう。
東大寺って、あの人は東大寺の僧侶なんですか？
正確に言えば、東大寺の元ナンバー2だ。
そして桓武の実弟であり、しばらく前までは皇太弟として後継者にも指名されていた。
そして兄弟の実母があの老婦人だ。百済系で光仁天皇の夫人、高野新笠だ。
ちょっと待ってください。無実の罪って…？

※現在の京都府長岡京市

この少し前に起きた
藤《ふじ》原《わらの》種《たね》継《つぐ》暗殺事件だ。
桓武天皇は一刻も早く
都を移したいと、
※長《なが》岡《おか》を候補地に選んだ。
ところが、
その造営責任者の種継が、
何者かに暗殺された。
それを桓武は、
遷都反対の急先鋒である
東大寺と関係が深い、
弟の早良親王の仕業と断じ、
すべての身分を奪い、
ここに幽閉した。
でも無実の罪
ってことは?
彼はずっと僧侶として
育った人だ。
暗殺事件の黒幕とは
考えられない。
じゃあ何で
罪を着せるん
ですか?
東大寺が
邪魔だから。
東大寺は遷都には
絶対反対。聖武天皇以来、
政治にも強い影響力を持つ、
奈良仏教の拠点だからね。
罪を着せて反対派を
一掃しようという
桓武の陰謀だろう。
まさに光仁天皇の
息子らしいじゃないか。
でも、あの人だって
光仁の息子でしょ。
母親似なん
だろうね。
そもそも、
なぜ光仁の息子が
東大寺ナンバー2
なんですか?

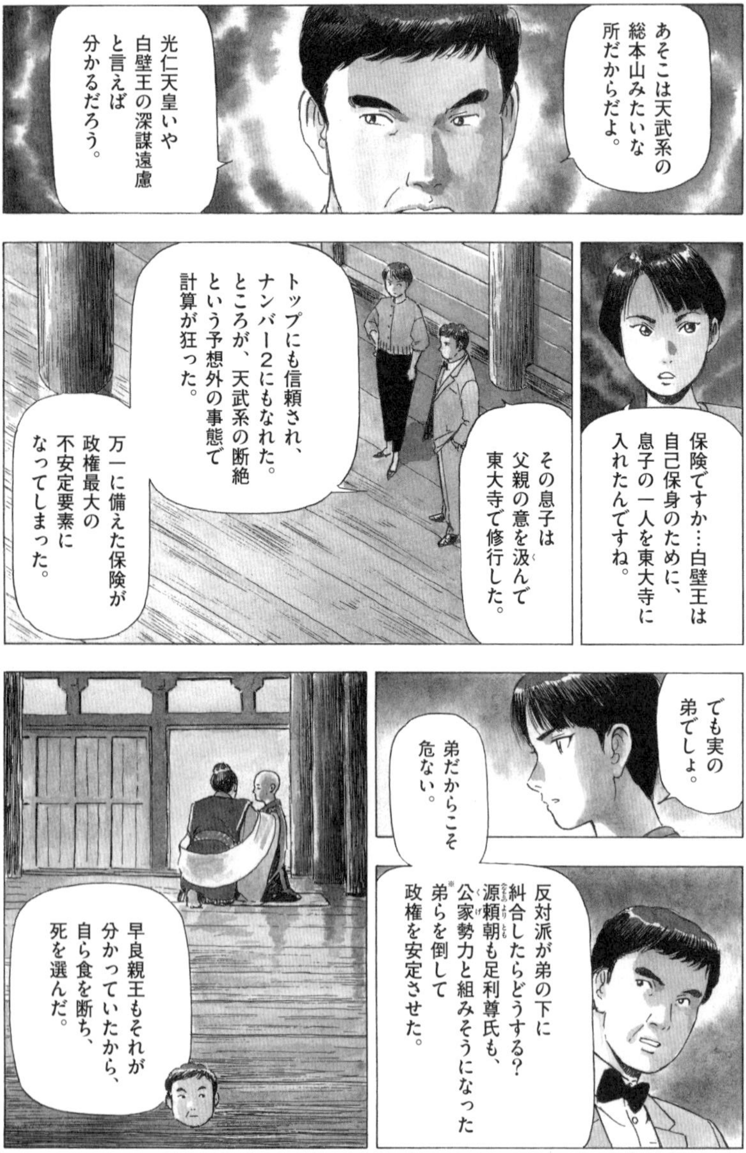
あそこは天武系の総本山みたいな所だからだよ。
光仁天皇いや白壁王の深謀遠慮と言えば分かるだろう。
保険ですか…白壁王は自己保身のために、息子の一人を東大寺に入れたんですね。
その息子は父親の意を汲《く》んで東大寺で修行した。
トップにも信頼され、ナンバー2にもなれた。ところが、天武系の断絶という予想外の事態で計算が狂った。
万一に備えた保険が政権最大の不安定要素になってしまった。
でも実の弟でしょ。
弟だからこそ危ない。
反対派が弟の下に糾合したらどうする？源頼朝《みなもとのよりとも》も足利尊氏も、公家《くげ》勢力と組みそうになった※弟らを倒して政権を安定させた。
早良親王もそれが分かっていたから、自ら食を断ち、死を選んだ。

※源義経と足利直義のこと。

気の毒というか、
言葉もないですね。
ただし、彼の死後、
都に様々な災厄が起こった。
疫病とか洪水とかね。
それは早良親王のタタリ
ということになり、
親王の鎮魂除霊のため
崇道《すどう》天皇という
称号が贈られた。
北朝の天皇と同様、
歴代には数えられ
ないが、一応、
天皇にはしてもらった。
これで君の
疑問の答えに
なったかな。
疑問
って…
大仏をなぜ
溶かさなかった、
ですか。
タタリを
恐れたって
ことですね。
その通り。
いかにナンバー2とは
いえ、親王も人間。
それでもこれだけ祟る。
大仏を鋳潰《いつぶ》したりしたら、
大変なことになる、
と桓武天皇も思いとどまった。

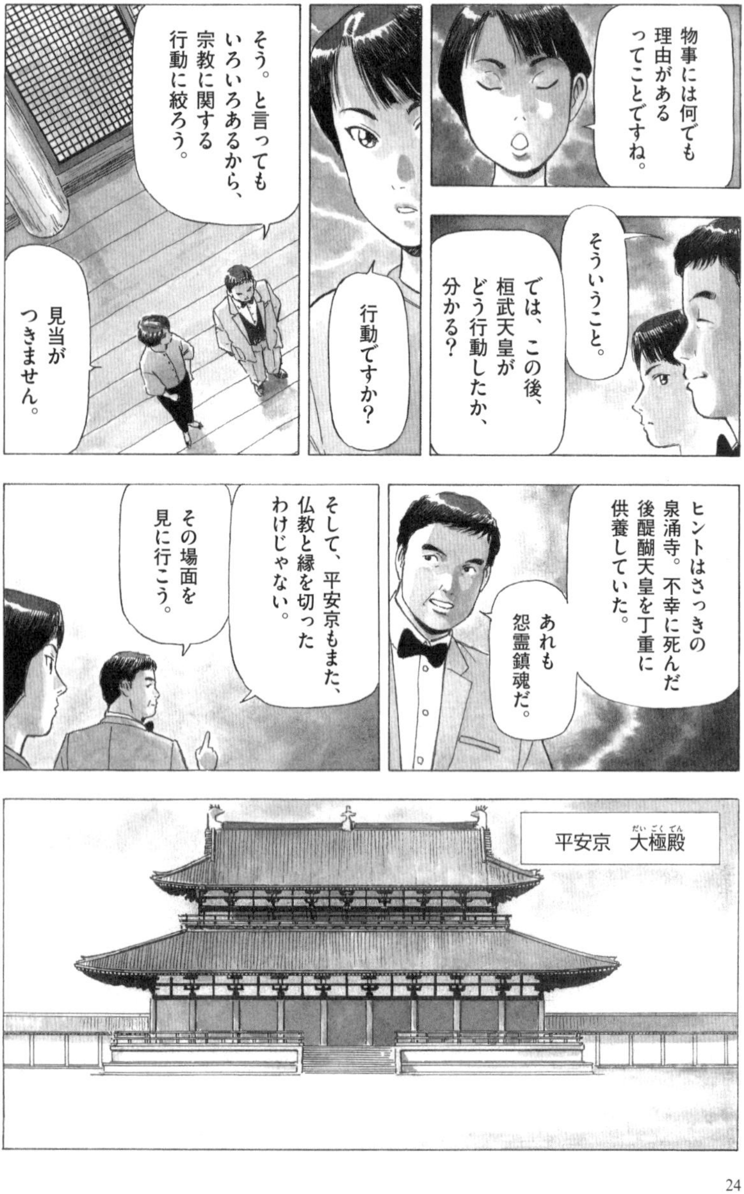
物事には何でも理由があるってことですね。
そういうこと。
では、この後、桓武天皇がどう行動したか、分かる？
行動ですか？
そう。と言ってもいろいろあるから、宗教に関する行動に絞ろう。
見当がつきません。
ヒントはさっきの泉涌寺。不幸に死んだ後醍醐天皇を丁重に供養していた。
あれも怨霊鎮魂だ。
そして、平安京もまた、仏教と縁を切ったわけじゃない。
その場面を見に行こう。
平安京　大極殿《だいごくでん》

やはり、そなたしかおらぬ。
入唐《にっとう》求法《ぐほう》のこと、くれぐれも頼んだぞ。
桓武天皇
畏《かしこ》まりました。
最澄《さいちょう》
朕《ちん》もあと何年生きられるか分からぬ。疾《と》くせよ。
ははっ。
にっとうぐほう、って何ですか？
唐、つまり中国に渡って、新しい仏教を学んで来いってこと。
冷蔵庫が古くなって使えなくなったら、新しい冷蔵庫を手に入れるだろ。同じことだよ。

※疾く：急いで。

奈良仏教とは
手を切っても、
鎮魂除霊に仏教自体は
必要だから、
急いで新しい仏教を
学んで来いと？
その通り。
その命を
受けているのが
最澄だ。
平安京を守護する
比叡山《ひえいざん》延暦寺《えんりゃくじ》の開山で、
天台宗《てんだいしゅう》の祖でもある。
ちなみに同行した
空海《くうかい》も、唐で学んで
真言宗《しんごんしゅう》の祖となった。
泉涌寺は真言宗だ。
平安仏教は
この二大宗派で
始まった。
過去を断ち、
新時代を造ろう
ってことですね。
それが、平安という
名を冠した時代の
始まりなんだ。

エピソード2
桓武天皇に武力放棄を決断させた「ケガレ忌避」信仰

平安時代というのは、日本の歴史だけでなく、世界の歴史から見ても、極めてユニークな時代だと僕は考えている。
どういうことですか？
日本人特有の宗教観だよ。
君は日本人の根底にある宗教の本質を見てきたから、分かるはずだ。
それを見に行こう。

797(延暦《えんりゃく》16)年
平安京　大極殿
桓武《かんむ》天皇
※坂上田村麻呂《さかのうえのたむらまろ》。件《くだん》の人。よろしく征夷大将軍《せいいたいしょうぐん》となすべし。
陸奥出羽《むつでわ》※按察使《あぜち》 兼
陸奥守
坂上田村麻呂
ははっ。

※坂上田村麻呂（758～811年）：平安初期の朝廷所属の武人。

※按察使：古代の地方行政監督官。

※節刀《せちとう》を授ける。
※まつろわぬ者どもを、必ず平らげよ、よいな。
身命に換えましても、成し遂げてごらんに入れます。
ここが歴史の分岐点！
えっ、どうして？
分からない？
あの人、坂上田村麻呂ですよね。
平安時代の初期、桓武天皇から、東北の異民族エミシ※の討伐命令を受けたところだ。
でも、どうしてそれが歴史の分岐点なんですか？国王が臣下に異民族討伐を命じるのは、世界中どこでも当たり前じゃないですか。
そこだよ。実は日本だけは特別なんだ。
いいかい、桓武天皇の服装をよく覚えておいて。ヒントになるシーンを見せてあげる。
分かりました。

※節刀：出征する将軍に、天皇からの任命証として授けた太刀。
※まつろわぬ者：服従しない者。
※エミシ：蝦夷(えぞ)の古称。古代東北地域に居住し、中央政権に服さなかった人々。

1505（永正《えいしょう》2）年
京　※三条西実隆《さんじょうにしさねたか》の館
ビュー
ハァ
ハァ
正直に申せ。治る見込みはあるか？
右近衛権少将《うこのえごんのしょうしょう》
三条西実隆
残念ながらございません。
ならばこの者、鴨の河原に捨てて参れ。

※三条西実隆：室町後期の公家・歌人、内大臣。古今伝授を受ける。

恐れながら、流行病《はやりやまい》ではございませぬが…
そんなことはどうでもよい！一刻も早く捨てて参れ。
しかと申し付けたぞ。
あの人、誰ですか！
戦国時代の、京都のお公家《くげ》さんの中で一番の文化人と呼ばれ、歌人としても有名な三条西実隆って人だよ。
感想をどうぞ！
ひどすぎます！瀕死の病人を寒空に捨てるなんて、ダメでしょ！貴族は、奉公人を人間だと思ってないんですか！
他の国ならそれでいいけど、日本ではちょっと違うんだよね。
えっ？どういうことですか？
次は、別の時代へ行くよ。六百年以上遡《さかのぼ》るけどね。

872(貞観《じょうがん》14)年
藤原良房《よしふさ》の館
いよいよ寿命が尽きたようじゃな。
藤原良房
お気の弱いことを。
藤原基経《もとつね》
もうよい。早く、身を運び出せ。
そ、それは…
何をためらっておる、急げ。
ははっ。

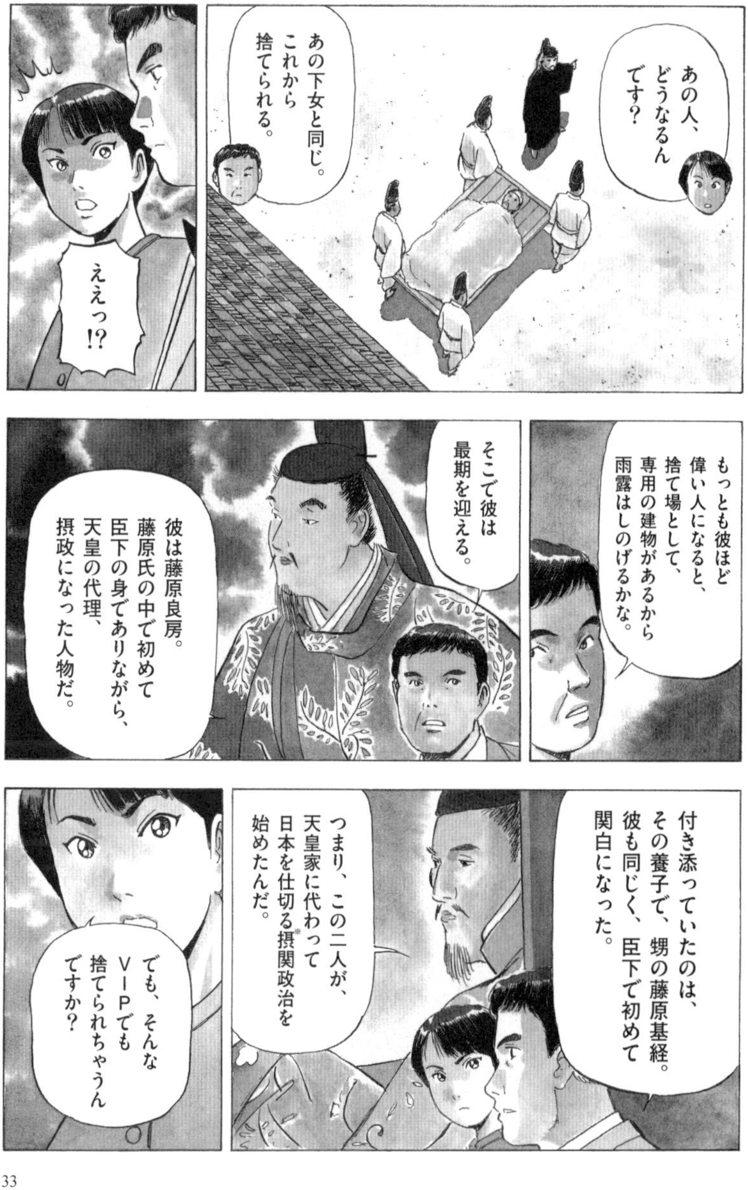
あの人、
どうなるん
です？
あの下女と同じ。
これから
捨てられる。
ええっ!?
もっとも彼ほど
偉い人になると、
捨て場として、
専用の建物があるから
雨露はしのげるかな。
そこで彼は
最期を迎える。
彼は藤原良房。
藤原氏の中で初めて
臣下の身でありながら、
天皇の代理、
摂政になった人物だ。
付き添っていたのは、
その養子で、甥の藤原基経。
彼も同じく、臣下で初めて
関白になった。
つまり、この二人が、
天皇家に代わって
日本を仕切る摂関政治※を
始めたんだ。
でも、そんな
VIPでも
捨てられちゃうん
ですか？

※摂関政治：藤原氏が天皇幼少の時は摂政、天皇が成人となっても関白として政治の実権を握るシステム。

そうだよ。理由は分かるだろ。
ほら、持統天皇以前、都はなぜ転々としてたんだっけ？
死のケガレに都が染まらないように…って。
そうか、死穢《しえ》という不幸の根源を避けるために、良房は自分から家を出たんですね。
その通り。三条西実隆も、身分差別であんなことをしたわけじゃない。
それが世界史とは違う日本史の特徴なんですね。
でも、持統天皇は仏教を取り入れて、死穢を制御したんじゃなかったですか？
確かに制御はしたけど、制御はあくまで制御。根絶ではない。
？
研究所に戻って、詳しく説明しよう。

コポ
ありがとう。
かつて山本七平※という評論家が「日本人はみな、日本教徒だ」と述べた。
日本史の本質に迫る名言だと僕は考えている。
つまり仏教とか儒教とかキリスト教とか、後から伝わった宗教は一種の味付けで、根本の味は変わってない、ということかな。
スッ
いまいち、よく分かりませんけど。
持統天皇はなぜ仏教を重視したのか？それは日本教、つまり日本独特の宗教「神道」の中にあるケガレ忌避《きひ》という絶対的な信仰を制御しなければ、
ゴソゴソゴソ
先進国の中国に追いつけないと思ったから。でもその子孫は戦国時代になってもケガレ忌避をしていた。
よっ。
そうか、根本は何も変わっていないってことだ。

※山本七平：昭和後期の出版人、評論家。出版した『日本人とユダヤ人』がベストセラーとなり、著者代理人として活躍。独自の日本人論を展開。

これを見てごらん。
初代の神武《じんむ》天皇像だ。彼は九州にいたが、いわゆる※神武東征を始め、その後、大和《やまと》に入った。
その過程でまつろわぬ者、つまり天皇に逆らう者を次々に討ち破ったと伝えられている。
弓の先にとまっているのは、天皇家を象徴する金の鵄《とび》だ。
神武は武力で敵を倒したわけだけど、君が天皇家の人間だったら彼をどう思う？
どうって、まあ英雄ですよね。やっぱり誇りじゃないですかね。
ふふふ。世界の常識ならばね。
考えてごらん。天皇の先祖である天照《アマテラス》大神《オオミカミ》は、どういう状況で生まれた？

※神武東征：神日本磐余彦尊（かんやまといわれびこのすめらみこと）が日向を発ち、大和に至って天皇位に就いたとする一連の説話をさす語。

黄泉《よみ》の国から戻った父神イザナギが、死のケガレを完全に洗い流した時です。
そうか。アマテラスの子孫である天皇は、本当は戦争なんかしたくなかったんだ。死のケガレに汚染、いや穢染されるから。
それでも天皇家の敵が国内に存在すれば、神武のように天皇自ら剣を振るって敵を倒さねばならなかった。
不本意だけどね。
しかし奈良時代を経て、天皇は神の子孫という信仰が確立し、周りに敵がいなくなった。
それが桓武天皇だ。さあ桓武の気持ちになって考えてみよう。
神に近い歴代最高の天皇になるにはどうしたらいい？
アマテラスのようにケガレなき存在になる。そのためには…
ケガレに繋がる軍事に関わることを一切やめる。

正解。
そこで思い出してほしいのが、さっきの桓武の服装だ。剣を帯びていなかっただろう。
確かに。
現代のアメリカと北朝鮮は全く異質な国だが、共通点はある。
トップの権力者が、共に国軍の最高司令官だということ。
これは世界の常識。古代から現代まで国のリーダーとは、軍事権を掌握する者だ。
軍事権を手放せば、それを握った人間に滅ぼされるからね。
ところが世界の中で唯一、千年以上も前に軍事権を臣下に委譲した最高権力者がいた。
それが桓武天皇だ。
だから歴史の分岐点なんですね。

その通り。これを認識していないと、その後の日本がどうなったかなんて、分かりっこない。
どうなったんです？
それを見る前に、仏教がなぜ日本に定着したか考えてみようか。
思い出してみて。
さっき…
三条西実隆の館で病人を看ていたのは誰だった？
僧侶ですか？
正確に言えば、僧侶ではなく僧体の医師だ。
日本教という神道の欠点は、死のケガレを嫌うあまり、医療が発達しないこと。ベテランの医師とは、多くの患者を看取った人のことだろ？
でもそれは、神道的観点から言えば、死のケガレに深く穢染された人間ということになる。葬儀の場合も同じだ。
しかし誰かがケガレ仕事をやらねば、社会が停滞する。そこで日本ではこれを仏教に任せ、神道の欠点を補った。

だから、僧侶は死のケガレにまみれているのに、天皇のいる宮中に出入りしている。特別扱いだ。
一昔前、プロ野球の外国人選手のことを、「ガイジン」と呼んで特別扱いしたのと少し似ている。
でもそれって、差別ですよね。
差別といえば差別だが、異文化に属する人に対する特別扱いといった方が正確じゃないかな。
日本文化には、このように物事を曖昧にし、ごまかしているところがある。
藤原良房の気持ちになってみれば、子孫達を自らの死のケガレから守るためには、
自身を外に捨てさせるしかない。
しかし、看取る側にすれば、それは無慈悲で寂しい。
看取られる側も、最後の別れは家族と共にありたい。じゃあ、どうする?
それも仏教で解決ですか?

その通り。
コッ
具体的に
どうしたか
見に行こう。
1074(延久《えんきゅう》6)年
京郊外　※平等院鳳凰堂《びょうどういんほうおうどう》
あれは?

※平等院鳳凰堂は、柱で建物を浮かせ、空に浮いているように見える。東の入り口から西の極楽浄土に向かう造りとなっている。

阿弥陀如来《あみだにょらい》の前で横たわっているのが、平安時代の最高権力者の一人、前関白※藤原頼通《よりみち》だ。
彼はこれから阿弥陀如来の主宰する別世界の極楽浄土へ旅立とうとしている。
ここはケガレを遮断する仏教の世界だから、子孫達も集まっている。
神道の欠点は死後の救いが皆無なこと。イザナギの妻イザナミがそうだっただろ。それを仏教が解決した。
阿弥陀如来に縋《すが》れば極楽浄土に行ける。仏教が流行るはずだ。
このお寺、平等院鳳凰堂でしたっけ?

※藤原頼通：平安中期から後期の公卿。摂政藤原道長の長男。父道長と共に藤原氏の全盛時代を築いた。その栄華の象徴が平等院鳳凰堂。

そう。この寺は極楽浄土に往生、つまり極楽に生まれ変わるための「装置」だ。
阿弥陀如来という仏様は、自分を「念仏」すれば、死ぬ時に極楽へと迎えに来てやると仰っている。
その「念仏」を、藤原氏など平安貴族は「仏のお姿をイメージする」ことだと考えた。
だから巨大な阿弥陀堂を造り、その前に極楽世界を再現した浄土庭園を造った。
そういうことなんですね。
じゃ、次は桓武天皇の武力放棄という大決断が、日本の歴史にどんな影響を与えたかを見に行くよ。
時代は同じ、藤原氏が栄華を極めていた頃。
ただし場所は、首都平安京の正門だ。

羅城門《らじょうもん》
え〜〜〜？
どうしたんですか、このあり様は？
ここは日本の首都平安京ですよね。戦争のせいですか？
飢饉《ききん》や疫病はあったけど、ここしばらく戦争は起きていない。
平安時代を現代語風に言えば、平和時代だ。平等院鳳凰堂はすごく立派だっただろ。でも同じ時代だよ。
どうしてこんなことに？

ホームレスがやりたい放題なのに、なぜそれを咎《とが》める者がいないのか?
この時代、普通の国だったら間違いなく死刑だね。国家の正門なんだから。
でも、こういう状況を止めるには、国家として何が必要だと思う? 機構《システム》の問題だけど。
機構って…警察ですか?
そう 警察だ。
警察で手に負えなければ軍隊が必要になる。
でもこの時代の日本には、国家警察もなければ国の軍隊もない。
まさか桓武天皇がそれを放棄したからですか? 部下の貴族達は?
彼らだって天皇と同じ「ケガレ忌避」信仰の信者だよ。死のケガレに触れる仕事なんかしたくない。
だから誰もやらなくなった。
それじゃ、国家が成り立たないじゃないですか。

!
あれは?
検非違使《けびいし》という、警察の代わりだね。
なんだ、警察、あるじゃないですか。
と言っても、国家警察じゃない。あくまで京都限定だし、一時しのぎの役職だ。
警察というより、何か野盗とか暴力団みたい。
君の直感はすごいね。
まさに平安日本は、これからそういう時代に入っていくんだよ。

エピソード**3**

国家は破綻！　天皇の実権を奪う藤原摂関政治の専横

邪魔だ！
どけ、どけい！
ひゃ〜〜〜
あの検非違使《けびいし》達は、警察なんでしょ？誰も捕まえようとしませんね？
そりゃそうだよ。
逮捕なんかしたら罪人に触らなきゃならない。穢《けが》れるじゃないか。
確かに、国の正門の用材を焚き火になんかしたら、普通の国なら死刑だ。けど、それこそ罪と死で二重に穢れてしまうだろ。
だから、そんなイヤなことはしないんだよ。
でもそれじゃ、警察の役目が果たせないですよ。

その通り。
警察が役目を果たさなければ
国家は立ち行かない。
軍隊もそう。
死のケガレに
触れることを嫌えば
軍隊は機能しない。
軍隊が機能しなければ
国家は乱れる。
平安時代はそういう
時代なんだよ。
もちろん世界には、
他に例がない。
ケガレ忌避信仰は
日本特有だからね。
この先、
どうなるんです？
警察と軍隊は共に
死のケガレに触れる
「賤業」だと考えるのが、
天皇を頂点とする
朝廷政府の考え方だ。
だが、それでは
国家が機能しない。
となれば、その「賤業」を
朝廷に対して代行する
組織が出てきて、
新しい日本政府になる。
幕府。武士の
政権ですね。
その通りだけど、
そんなに簡単には
行かない。
「腐っても鯛」という
諺があるように、
日本が武士の統治する国に
生まれ変わるためには、
長い歳月を必要とした。

朝廷という欠陥政府が長い時間をかけて崩壊し、その過程で武士という新しい階級が生まれてくる。
実際、平安遷都の794年から鎌倉《かまくら》幕府の誕生まで約四百年かかった。
四百年は長いですね。
「腐っても鯛」の鯛はこの場合は何になる?
朝廷、というよりは、その頂点に立つ天皇ですか。
そう。何度も言うけど、天皇は日本独自の存在だ。
こういう権威や権力は日本以外の国にはない。例えば、神の子孫ということもそう。
だからこそ新しい政府が生まれるまで長い時間がかかり、しかも幕府は、朝廷を滅ぼし、取って代わったわけでもない。
それは、日本では絶対不可能。
外国では可能だけどね。
その日本史の最大原則を頭に叩き込んでおけば、君の目の前にある不可解な現象も説明がつく。

不可解な現象って、検非違使が犯人を捕まえないことですか?
それも大事だが、目の前の羅城門《らじょうもん》を見てごらん。
仮にも日本の首都の正門が崩壊しているのに、なぜ修復しないのか?
壊れてからもう数十年経過している。
朝廷には予算がない?
そう。問題はなぜ予算がないのか。
この時代の税収はコメ。だが、不作続きというわけでもない。豊作の年だってある。
現場に行ってみよう。
はい。

秋とはいえ西日本は暑いな。
豊作のようですね。
コメは租《そ》。最も基本的な税だから、この豊作は国の税収増に繋がるはず。
が、そうはならない。とんでもないカラクリがある。
カラクリですか？
奈良時代で見てきた藤原氏の天皇家乗っ取り計画を思い出すといい。彼らは何をした？
何って、まず皇后を藤原氏で独占し、生まれた子供を次の天皇にする、ですよね。
政治的にはそう。財政的には？ ほら、白壁王《しらかべおう》と藤原氏の密約があっただろ。

墾田永世私財法ですか。そうか、この水田は藤原氏の私有地だ。
でも、私有地といっても税金を納めなきゃいけないんじゃ…
ここは※官省符荘《かんしょうふしょう》と呼ばれている。
簡潔に言えば、藤原氏の荘園つまり私有地であり、免税地でもある。税金を納める必要がない。
※不輸の権は習っただろう。藤原氏はこれを獲得したんだ。
藤原氏は政治権力を使って、それまで日本の税を独占していた天皇から、一部を奪ったってことですか。
まあ、そういうことだ。もっとも、一部なんてレベルじゃない。
あの平等院鳳凰堂を思い出してごらん。あれは藤原氏個人のための建築物だ。
羅城門とほぼ同時代の建物だよ。つまり、朝廷にはカネがないが、藤原氏にはある、ってこと。
平安時代は、それができたんですね。

※官省符荘：朝廷公式の免税対象荘園。　※不輸の権：荘園（私有農地）に与えられた免税特権のこと。

それを可能にした男に、君は一度会っている。もう一度会いに行くか。
866(貞観《じょうがん》8)年
平安京　大極殿
清和《せいわ》天皇
摂政　藤原良房《よしふさ》
あの人、館で死の床についていた?
太政《だいじょう》大臣を経て、初めて臣下出身で摂政になった藤原良房だ。
せっしょう、ですか?

そう、天皇の代理ってこと。
本来は皇族でなければ絶対になれない地位だ。太政大臣なんて偉そうだけど、臣下に過ぎない。
天と地の開きがある。
その座に、臣下に過ぎない藤原氏が就いた？
そういうこと。幼少の天皇は良房の実の孫でもある。
じゃあ、何でもおじいちゃんの言う通りか。
でも大人になったら逆らうようになるんじゃ？
そう考えるよね。
でもそうじゃない。良房の息子にもう一度会おう。
息子って、良房の臨終の時、枕元にいた人ですね。
あれから十五年後の藤原基経だ。
摂政とは、君主が幼少あるいは病気の場合に臨時にその権限を代行する役職、というより地位とか身分だ。

君主が大人になったら
摂政は権限を
君主に返すのが、
世界の常識だ。
でも世界と日本は
違うってこと
ですね。
887(仁和《にんな》3)年
平安京　大極殿
卿《けい》よ。
機嫌を直し、
改めて関白として
働いてくれぬか。
宇多《うだ》天皇
宜《よろ》しく※阿衡《あこう》の任を以《もっ》て
卿の任とせよ、
との詔《みことのり》をいただいて
おります。
関白　藤原基経《もとつね》
阿衡とは職掌なき
身分、これは何も
するなという御命令。
いや、
そうではない。

※阿衡：中国古代に用いられた宰相の官名。日本では、天皇の補佐あるいは摂政関白の異名。

ならば帝のご意思を違《たが》えた
詔書を書いた者がおるはず。
その者を厳しく罰し、
御政道を正すのが第一。
それをお待ち申しております。
ギロッ
参議　橘《たちばなの》広相《ひろみ》
研究所に戻って
状況を整理
しようか。

コト‥
ありがとう。
あの時代は、何事も藤原氏の思い通り。
だから藤原基経は、前の天皇の跡継ぎに、一度皇族の身分を離れて源《みなもとの》定省《さだみ》と名乗っていた若者を、親王に戻して即位させた。
それがあの宇多天皇だ。
そんなことできるんですか？
いや、普通はできない。

もちろん前例もない。
だから宇多天皇は感謝して政治の実権を基経に委ねる決意をした。
その地位・身分は「天下の政を関《あずか》り白《もう》す」ということで、関白と呼ばれた。
成人の天皇を差し置いてその権限を代行できるんだから、もはや臣下というより準皇族。だから敬称も皇族並みの「殿下」だ。
つまり藤原氏は天皇が幼少の時は摂政。成人しても関白という形で、天皇の権限を奪うことに成功した。
奈良時代以来の天皇の実権を奪うという陰謀が、ここに完成したんですね。
その通り。
関白の誕生こそ、歴史の分岐点と言えるだろ。だからこの時代の政治を藤原摂関政治と呼ぶんだ。
そういうことだったんですね。
そこで、とばっちりを食ったのが、さっき基経に睨《にら》まれていた参議の橘広相だ。

彼は、別に藤原氏に対抗しようなんて夢にも考えていない。娘を、※臣籍降下していた若い源定省に嫁がせただけ。
ところが定省が天皇になってしまった。自分の娘を嫁がせて藤原の血を引く孫を次の天皇にするつもりの基経にとっては、邪魔な存在だ。
だから政界から抹殺しようとしていた。
それで睨んでいたんですね。でも具体的にはどうやって?
天皇は基経を関白にしようとした。こういう時は、一度辞退するのが当時の慣習だ。
形式的なものだけど、それでは困るという二度目の天皇の詔書は橘広相が考えた。それが彼の役目だった。
しかし詔書の中の阿衡という中国風の呼び方に基経は目をつけた。阿衡は職権のない立場だから「何もするなということか」と。
そうなんですか?
そんなことはない。
阿衡とは、中国では皇帝を補佐する宰相のこと。基経の主張は完全な言い掛かりだ。
だけど基経はこんな間違った文章を作る男は流罪にすべきだとも主張した。
ひどい。

※臣籍降下：姓を与えられて皇族から臣下の身分となること。

しかし当時、讃岐守《さぬきのかみ》だった菅原道真《すがわらのみちざね》という勇気ある男が、それはやり過ぎだと基経を諫《いさ》めたので、流罪とならずに済んだ。
天神様ですね。
そう。このことで菅原道真は宇多天皇に信頼されるが、基経の息子藤原時平《ときひら》によって無実の罪に陥れられる。
藤原氏ってひどい奴らですね。
それが、この時代を理解する一つのキーポイントだ。こんな摂関政治国家って、どうなっていくと思う？
まともじゃないから、だんだん衰えていくってことですかね。
はっきり言えば、地獄だね。
そんなにひどいんですか？
その現場も見に行こう。
ガッ
ガッ
ガッ
ここは羅城門の跡ですよね。

前回の場面から数十年後だ。
あの人達は何をやってるんですか？
基経の子孫で摂政の藤原道長が、※平等院のような自分の寺※を造るために、礎石を盗んでいるところだ。
盗むって…そうか、誰もこの行為を咎《とが》めることができないんだ。
道長は「※この世をば我が世とぞ思う望月の欠けたることのなしと思えば」と詠じている。
また眼病を患った三条《さんじょう》天皇を、あの手この手でイジメ抜いた男だ。早く退位させて自分の孫を即位させたいというそれだけの理由でね。
この時代の藤原氏はそういう連中だらけなんだよ。
本当にひどいですね。
だが、世界の常識で考えれば、道長なんてまだ優しい男だよ。
どうしてですか？
中国でもヨーロッパでも、道長のような地位にいれば、必ず王を殺すか生涯幽閉して自分が王になる。でも道長は、天皇をイジメただけ。殺しも幽閉もしていない。

※平等院は、道長の長男頼通が造営。

※寺とは法成寺のこと。現存しない。

※「望月(満月)に欠けたところがないように、私のこの世の願いも満たされないことはない」という極めて傲慢な歌。

そうか、世界の常識だと道長ほどの権力を持てば自分が王になっている。
ところが日本ではそれができない。となると、この先どうなる？ 目の前で起きていることだよ。
法が無視され、やりたい放題ってことですか？
それだけじゃない。仮に藤原氏が天皇になれたとしよう。天皇とは日本国のオーナーだ。だったら…
まずやるべきは、礎石を盗むことじゃなく、羅城門を再建することだろ？ 国の正門なんだから。
でも天皇にはなれない。
だから天皇から盗み続けるしかない。国家財産をね。
結局、寄生虫にしかなれないってことですね。
寄生虫は、本体の健康など気にしない。自分勝手に養分を吸い取りまくる。
そうなると、本体、つまり天皇家及び日本はどうなる？

限りなく衰弱していく。…それが地獄という意味なんですね。
養分を吸い取られるのは天皇家だけじゃない。清少納言の『枕草子』二十五段に、「すさまじきもの」というのがあるけど…
「すさまじきもの」って、興ざめするもののことで、昼吠える犬でしたっけ?
よく知ってるね。
その中に「除目《じもく》に司《つかさ》得ぬ人の家」というのが出てくる。除目とは朝廷の人事発令だ。
中級貴族の夢は地方の国の長官。肥後守《ひごのかみ》とか土佐守《とさのかみ》のような国司になること。
ところが、待ち望んだのになれなかった。
祝おうと集まっていた人々が、虚《むな》しく去っていく。家族もがっかりする。その家のことを言っている。
国司任官って、それほどの夢ってことなんだ?
大臣や大納言のような中央高官は、藤原氏が独占している。かといって、穢れた検非違使なんかなりたくない。
一番いいのは、地方に赴任し、その国のトップになること。それがどれだけ魅力ある地位か、見ておこう。

935年（承平《じょうへい》５）
阿波《あわ》の水門《みと》
（徳島県鳴門海峡）
ひっ！
前 土佐守 紀貫之《きのつらゆき》
誰ですか、この人は？
ブルブル
名前は聞いたことがあるだろ。紀貫之。歌人として超有名だ。
『古今和歌集』の選者の一人ですよね。
そう。だけど都ではうだつが上がらないので、七十歳近い身をおして土佐国、今なら高知県知事とも言うべき土佐守に赴任し、
ちょうど任期を終えて帰るところだ。この暗闇の中、遭難の危険を冒してね。
昼間に航海すればいいのに。
そうしたいが、昼間は海賊に襲われるからね。仕方なく夜間に航海している。

そうか。警察も軍隊もないから、誰も守ってくれない。
だから狙われる。
それに船荷は、宝の山だ。任期中、国司はいくら憎まれても住民から徹底的に搾《しぼ》り取っている。
しかも、その搾取した財をワイロにして藤原氏に取り入り、またどこかの国司にしてもらう。
中級貴族には、これしか生きる道がない。
それで「司を得る」のに、皆、一所懸命なんだ。
清少納言の父、清原《きよはらの》元輔《もとすけ》は七十九歳で肥後守となり赴任。八十三歳で現地熊本で死んだ。
藤原氏という寄生虫は、天皇家だけじゃなく、中級貴族が民から搾取した財も巻き上げる。
肥え太るのは藤原氏のみだ。しかも藤原氏は天皇にはなれないから、この状態がずっと続く。
地獄という意味がよく分かりました。

天皇を頂点とする律令国家の身分制度「位階と官職」とは？

日本は古代から天皇を頂点とする身分社会であった。万人平等ではないということだ。だが平等ではないとしたら、人それぞれに等級をつけなければならない。基準は天皇に血縁的にどれだけ近いかであり、それを身分と呼んだ。

その身分を数値化して誰もが分かるようにしたのが「位階《いかい》」であり、69ページの図表で正三位《しょうさんみ》、従五位下《じゅごいげ》などと表示されているのがそれだ。

天皇はもちろん別格で、すべての位階の上にいるのだが、その子である「親王」は一品《いっぽん》から四品まで4階までの身分差があった。天皇の孫や曽孫になると「王」と呼ばれ、これ以下は正一位から従五位下まで14階の位階が与えられる。正一位のすぐ下が従一位、その下が正二位、従二位と下がっていき、四位からは「上」「下」という区別もついて4段階になる。だから従五位下までで14階になる。

図表では省略したが、この下には従八位下まであり、その下には大初位と少初位という位階があり、それぞれ上下がついて4階あるから、臣下にとっては身分の階段は30階あることになる。

注意すべきは、庶民はさらに下ということだ。位階を持っている人間は官職に就くことができるが、庶民にはそんな資格はない。だから、官尊民卑《かんそんみんぴ》という言葉があった。民は愚かだから官職に就き政治に参画することはできない。これはもともと中国の儒教思想だが、その中国で作られた律令制度が日本に導入されるにあたって日本にもその思想が根付いた。

逆に位階があれば、国家公務員つまり官僚としてさまざまな役職に就くことができる。もちろん身分社会だから、それぞれの身分に応じて就ける官職が決まっている。

平安時代以降の話だが、例えば大臣になれるのは、原則として特定の選ばれた家系の公家《くげ》だけで、その資格を持つ公家の家柄を大臣家《だいじんけ》と呼んだ。正親町三条《おおぎまちさんじょう》、三条西《さんじょうにし》、中院《なかのいん》の三家である。これより格上の家柄は清《せい》華家《がけ》と摂家《せっけ》しかない。特に摂家は、臣下なのに天皇代理も務められる関白を出せる五つの家（近衛《このえ》・九条・二条・一条・鷹司《たかつかさ》）があり、後に五摂家と呼ばれた。

注意すべきは、近衛だろうと二条だろうと、本姓はすべて藤原であり、関白は藤原氏の独占状態になったことだ。大臣家も正親町三条と三条西は藤原であり、中院だけが皇族系の源氏だった。苗字が違うので分かりにくいが、平安時代後期以降、高位高官は事実上、藤原氏の独占状態であった。

もちろん例外もないではない。嵯峨天皇は、身分の低い女性が産んだ自分の次男坊以下に「源《みなもと》」という姓を与え、親王の身分から臣下の身分に落とした（臣籍《しんせき》降下《こうか》）が、その代わりに左大臣や右大臣に抜擢して藤原氏に対抗させた。

しかし藤原氏もさるもの、さまざまな陰謀をめぐらし、左大臣源高明は失脚させられ、以後、源氏は中央政界では振るわなくなった。また宇多天皇は、学者の家柄の出身である菅原道真を右大臣に抜擢したが、道真も藤原氏の陰謀で失脚させられた。

その後、関白になろうとした羽柴秀吉は、まず近衛家の養子になって関白の座を手に入れると、天皇に新しい姓「豊臣」を下賜《かし》してもらい、その豊臣家が関白の座を独占するという仕組みを作ろうとした。しかし、秀吉の目論見も秀吉、秀次の二代であえなく潰《つい》えた。そこで関白は再び五摂家の独占となり、明治維新まで、その状態が続いた。

要するに平安時代後期になると、中央政界は藤原氏の思いのままだったのだ。

だから清少納言の父で中級貴族の清原元輔《きよはらのもとすけ》は、当時としては異例の高齢（満年齢で八十を超えた）で肥後守として現地赴任した。

この肥後守に相当する位階が、従五位上である。藤原氏から見れば、はるか下の官位（官職と位階を合わせてこう呼ぶ）だが、これになれるだけでも彼らは幸せだったのだ。

ちなみに肥後守と書いて「ひごのかみ」と読む。「守」は長官を意味し、現在なら熊本県知事というところか。では現在の副知事にあたる次官は何と呼ぶか。「介」と書いて「すけ」と呼んだ。その下が「掾《じょう》」であり、「目《さかん》」であった。これは現代では局長クラス、部長クラスだろうか。

これも注意すべきは、中央の省などの役所はすべて四等官に分けられており、漢字は違えども「読み」はすべて同じだったことだ。

例えば民部省では、長官が民部卿、次官が民部輔、以下、民部丞、民部録だが、これらは「みんぶのかみ」「みんぶのすけ」「みんぶのじょう」「みんぶのさ

官位相当表（平安時代）

位階＼官職	神祇官	太政官	中務省	省	衛府	大宰府	国司
正一位 従一位		太政大臣					
正二位 従二位		左大臣 右大臣 （内大臣）					
正三位		大納言					
従三位		（中納言）			（近衛大将）	師	
正四位上			卿				
正四位下		（参議）		卿			
従四位上		左大弁 右大弁					
従四位下	伯				（近衛中将） 衛門督 兵衛督	大弐	
正五位上		左中弁 右中弁	大輔				
正五位下	大輔	左少弁 右少弁		大輔	（近衛少将）		
従五位上			少輔		兵衛佐 衛門佐		大国守
従五位下		少納言		少輔		少弐	上国守

かん」と呼ぶ。

そして時代が下ると、武士階級の中でこれらの役職名を自分の名前として使う者が現れた。「民部丞」もそうだが、「城介《じょうのすけ》」なども、アテルイを倒し東北を征服した大和《やまと》朝廷が、拠点として置いた秋田城（戦国時代の秋田城とは異なる）や胆沢《いさわ》城の副司令官という意味であった。

また、戦国の名将武田信玄は一時「大膳大夫《だいぜんのだいぶ》」を名乗っていたことがあるが、これはもともと御所の飲食部門を司る役職のことであり、それに属して飲料水を管理する下級役人の役職名が「主水《もんど》」であった。

ちなみに上総《かずさ》国、常陸《ひたち》国、上野《こうずけ》国などは、親王が現地に赴任せずに国主（太守《たいしゅ》）を務める国であった。それ故に、これらの国には「守」はいない。だから武士がどんどん強くなって、国司でもないのに勝手に大和守とか摂津《せっつ》守と名乗るようになっても、上総守、常陸守、上野守を名乗る武士はいなかった。若い頃の信長は織田上総介信長であり、豊臣秀次の家臣は木村常陸介重茲《しげこれ》であり、『忠臣蔵』の「悪役」は吉良《きら》上野介義央《よしなか》なのだ。こうした慣例は固定され、江戸時代になると、将軍の家来の旗本、つまり国を領有していない家臣が越前守《えちぜんのかみ》などと名乗ることも許されるようになった。

逆説コラム2 「令外官」を作らざるを得なかった「ケガレ忌避」信仰

令外官《りょうげのかん》とは何か？　歴史事典を引くと次のようにある。

律令制下、令に規定されていない新しい官職

平安初期に設置された蔵人（くろうど）・検非違使（けびいし）は有名であるが、そのほか（中略）摂政（せっしょう）・関白などがある。実際政治の必要上から新設されたものであるが、のちには令制官職が実権を失うほど、重要な意味をもつようになった。

（『日本史事典』旺文社刊）

簡にして要を得た説明だが、では何故に「令に規定されていない新しい官職」が「設置」される必要があったのか？　なぜ令外官が「令制官職が実権を失うほど、重要な意味をもつ」ようになったのか？　実は、これらは日本史を理解するキーポイントである。

そもそも律令とは何かと言えば、当時の東アジアの最先進国である中国が作った法律体系であって、「律」は刑法、「令」はそれ以外（行政法、訴訟法など）を意味する。非常に整備された法体系であって、それ故に東アジアの各国はこれを中国から輸入して使った。本来ならば、付け加えるべき部分はないはずである。

それでも令外官を作らざるを得なかったのはなぜか？　中国そして世界の常識にはない部分が日本にあり、それを補うための官職が必要だったからだ。令外官の分析は、極めて重要なのである。

一番分かりやすいのが検非違使だろう。本巻でも「古代黎明編」でも述べたように、日本独特の「ケガレ忌避」信仰があったからこそ、国家の警察権を行使する刑部省《ぎょうぶ》と、軍事権を行使する兵部省が開店休業状態になってしまい、その権限を、京においては検非違使、関東以北においては征夷大将軍という、二つの令外官が代行することになっていく。

そして、後に征夷大将軍は「令制官職」である太政大臣や左大臣の「実権を失」わせ、幕府という朝廷に対抗する組織のトップの座を示す「重要な意味を持つ」ことになる。摂政、関白についても同様で、これらについては〈逆説コラム4〉を読んでいただきたい。

エピソード4

『源氏物語』は藤原氏の謀略に敗れた者への「鎮魂」の文芸

藤原氏とは、天皇家に取り憑いて私腹を肥やす寄生虫だということは、分かってくれたかな？
はい。藤原氏が権力を握っても、天皇がいるからトップにはなれない。
だから、宿主の天皇家に寄生して支配した。それが摂関政治ってことですよね。
そう。
それさえ分かれば、平安時代の歴史は半分理解したようなもんだ。
半分ですか？
半分でも、たいしたものだよ。日本の歴史学者なんて…
残りの半分って何ですか？

※最初の勅撰和歌集。選者は、紀貫之・紀友則・凡河内躬恒（おおしこうちのみつね）・壬生忠岑（みぶのただみね）。905（延喜5）年頃成立。

藤原氏の寄生虫化は平安時代に起きた現象だけど、それ以前からの積み重ねだよ。
藤原氏の娘だけ皇后にするとか、墾田永世私財法とか…？
それは寄生虫路線の一環。
じゃなくて、古代から続く日本人独自の信仰とか宗教だよ。
というと…怨霊《おんりょう》？　言霊《ことだま》？
これを見てごらん。
カチャ
カチャ
平安時代に作られた『※古今和歌集』の「仮名序」。かなで書かれた序文だ。
『古今和歌集』―仮名序―
やまとうたは、人の心を種として、万《よろづ》の言の葉とぞなれりける。世の中にある人、ことわざ繁《しげ》きものなれば、心に思ふことを、見るもの聞くものにつけて、言ひ出《いだ》せるなり。花に鳴く鶯《うぐひす》、水に住む蛙《かはづ》の声《こゑ》を聞けば、生きとし生けるもの、いづれか歌をよまざりける。力をも入れずして天地《あめつち》を動かし、目に見えぬ鬼神《おにがみ》をもあはれと思はせ、男女《をとこをんな》の中をも和《やは》らげ、猛《たけ》き武士《もののふ》の心をも慰むるは歌なり。
（『新編 日本古典文学全集11 古今和歌集』／小学館刊）
もっと長いけど、とりあえず、このあたりまでが重要かな。意味は分かるだろ。

何とか
分かりますね。
仮名序を
書いたのは…
この歌集の選者の一人、
『土佐日記《※とさにっき》』の紀貫之《きのつらゆき》です。
正解。
政治のうま味は、全て
藤原氏が独占してるから、
紀貫之のような中級貴族は、
地方に国司として
赴任する他は、
こうした文化事業に
活路を見出すしかなかった。
貫之は、和歌だけでなく、
文筆家としても
一流だからね。
……
紀氏一族は、歌人や
文人が多いですね…
「仮名序」って…
「歌論の先駆けとして、
後の歌人らに多大な
影響を与えた」
らしいですね。
それだけじゃ
ないよ。

※土佐日記：平安中期の旅日記。土佐を船出して都に帰るまでの五十五日間を、作者を女性に仮託して仮名書きで記したもの。

「仮名序」の文章は、日本の文化だけじゃなく、政治も分かる、極めて重要なものなんだ。
政治もですか？
そう。特に重要なのは、「力をも入れずして天地を動かし」と、「猛き武士《もののふ》の心をも慰むるは歌なり」ってところだ。
ってことは、残りの半分とは言霊ですね！
グッ
歌は、天地を動かすのに力は必要なく…
勇猛な武士の猛々しい心もなだめる…
よし、次の場面を見に行こう。

1281（弘安《こうあん》4）年
京 ※仙洞《せんとう》御所
……
亀山《かめやま》上皇
敵国降伏
これを直ちに筑紫《つくし》の※筥崎宮《はこざきぐう》に奉納いたせ。
敵国降伏
急ぐのだぞ。
畏《かしこ》まりました。
いやいや、安堵いたしました。
ようやく枕を高《たこ》うして眠れまする。
まさに、まさに。

※仙洞御所：上皇や法皇の御所。院の御所とも。

※筥崎宮：福岡県にある神社。筥崎八幡宮。現在も楼門に敵国降伏の扁額を飾る。

何の話をしてるんですか？
この鎌倉時代、朝廷では院政が行なわれていて、天皇を引退した上皇が実権を握っていた。
その上皇が、蒙古《もうこ》襲来（元寇《げんこう》）の際、筥崎宮に奉納する「敵国降伏」の四文字を書いたところだ。
こんなことは世界でも日本の天皇家しかやってないだろうね。
？
戦勝祈願なら、どこの国でもやるんじゃないですか？
確かに戦勝祈願は日本以外でもやっているが、
鎌倉に幕府があるとはいえ、朝廷は、形の上では日本国政府だ。
外国から侵略があった場合、政府がやるべきは、軍隊を動員し、戦時体制を整えることだろ？
敵國降伏
でも彼らは、この四文字を書いて終わり。それで満足していられる。もちろん軍事は、幕府任せだ。

国が侵略される危機なのに、いくら言霊の国でも朝廷がやることは文字を書くだけですか。
君が言いたいことは世界の常識。でも日本の常識は違う。
「敵が降伏する」と天皇が唱えれば、それが実現する。だからそれでいい。
言い放しじゃ、無責任過ぎますよ。
そうだよ。
言霊の世界では「言えば起きる」。言霊への信仰は消え去るどころか、朝廷でますます深められた。
ちょうど、ケガレ忌避信仰が桓武天皇によって深められ、朝廷が軍事や警察から手を引いたようにね。
朝廷は、縁起の良い歌さえ詠《よ》んでいれば、世の中、平和でうまくいく、という世界一ノーテンキな政府になったんだよ。
政治を担っているとは言えませんよね。
これを政治だとする民族は、日本だけだろうね。
日本は、言霊の国だからそれでいい。『古今和歌集』は※勅撰。天皇の命令によって作られたアンソロジーだ。

※勅撰和歌集は、室町時代の最後の『新続古今和歌集』まで、21集を数える。

「仮名序」は、言霊信仰の聖書のようなもの。言葉は天地を動かす。だから平安貴族は歌ばかり詠んでいた。
言霊の世界では、それが政治だからね。
幸い軍事部門担当が鎌倉幕府で良かった。でなければ、この時に侵略されて、日本は滅んでいただろうね。
朝廷政治って、とことん無責任というか、最低というか…
常識的には、政治の名に値しないのは事実。そこに、もう一つの蓄積が拍車をかけた。
それも見に行こう。
930(延長《えんちょう》8)年
京都　御所　清涼殿《せいりょうでん》
ピカッ
ピカッ
ゴロゴロゴロ
カッ

きゃあ〜!
雷の直撃で死んだのは、大納言藤原清貫《きよつら》。史上初めて天皇の御殿に雷が落ちた。
ほら、醍醐《だいご》天皇がやって来る。
タタリじゃ!
お上、ごらんになってはなりません。
奥へお戻りください。御身が穢れまする。
タタリじゃ!道真《みちざね》のタタリじゃ!

道真って、あの菅原《すがわらの》道真ですか。
そう。
阿衡《あこう》事件を覚えているよね。関白藤原基経《もとつね》が無実の参議橘《たちばなの》広相《ひろみ》を処罰せよ、と若い宇多《うだ》天皇に強要した時、
敢然と処罰に反対したのが菅原道真だ。
基経の死後、宇多天皇に信頼されて右大臣にまでなった。ところが、宇多が引退し上皇になると、後を継いだ醍醐天皇は、
藤原氏に踊らされて道真を無実の罪で流罪にした。
道真は、配流先の大宰府《だざいふ》で失意のまま亡くなったんですよね。
醍醐天皇は、道真の没後ずっと彼のタタリを恐れていた。そこに、あの落雷だ。
この三か月後、天皇は衰弱して死ぬ。
まさにタタリだと平安貴族達は考えた。
怨霊信仰ですね。
その通り。醍醐天皇は、存在そのものが「歴史の分岐点」とも呼ぶべき人物だ。
『古今和歌集』を作らせたのも醍醐天皇。言霊信仰と怨霊信仰が、醍醐天皇という「時点」で徹底強化された。

戻ろう。
はい。
コト
ありがとう。
ところで「仮名序」の続きがどうなっているか、知ってる?
いえ。
今、調べてます。
歌の心を知る「歌聖」として、万葉歌人の柿本人麻呂《かきのもとのひとまろ》と山部赤人《やまべのあかひと》の二人。その後の「名人」として、※六歌仙を挙げている。
でも「仮名序」にある六歌仙評は、あまり褒めていませんね。「誠すくなし」「言葉たらず」「確かならず」「様いやし」とかって…

※六歌仙：古今集の序に登場する平安初期の優れた六人の歌人。在原業平・僧正遍昭・喜撰法師・大伴黒主・文屋康秀・小野小町。

けっこう辛辣《しんらつ》だけど、六歌仙以外の歌人は批評するに値しない、と述べているだろ。
はい。
確かに小野小町《おののこまち》や在原業平《ありわらのなりひら》は歌の名人だが、喜撰法師《きせんほうし》、大伴黒主《おおとものくろぬし》はどう考えても名人とは呼べない。歌も極めて少なく、秀作と呼ぶべき歌もない。
それなら、なぜ貫之は彼らを名人として紹介したんですか？
まず、言霊の国日本では歌の名人と呼ばれるのは最高の名誉だということを知っておいてほしい。
その上で、政治的に恵まれなかった人に対する勲章だと考えると、
この六歌仙には、全て共通点がある。
文徳《もんとく》天皇と関わりがあったと考えられることだ。
文徳!? 崇徳上皇と同じ「徳」の字が付いてますね。
ひょっとして、その天皇も藤原氏にひどい目にあった天皇ですか？
冴えてるね。

実は、文徳天皇は、三十一歳で急死している。※諡号《しごう》に「徳」の字が付く天皇だ。
不幸な死に方をしているということですね。
暗殺説もあるようだけど、当時の藤原氏の実力者良房と暗闘があったことは確かだろうね。
文徳は、一度も天皇の住居である内裏正殿で生活を送ることはなかった、と伝えられている。
天皇なのに？
さらに文徳天皇には、良房の娘との間の男子※惟仁《これひと》が生まれる以前に、別の女性が産んだ男子がいた。
それが※惟喬《これたか》親王。母親は貫之と同じ紀氏の出だ。もちろん惟喬は、藤原氏の妨害で天皇になれなかった。
じゃあ、六歌仙は、その惟喬親王の側近とか？
六人のうち、素性が知られているのは在原業平と僧正遍照《そうじょうへんじょう》。在原業平は、惟喬親王に仕えていた。
僧正遍照は、惟喬親王の東宮《とうぐう》に出仕していた。

※諡号：貴人に、生前の行ないを尊んで贈る名。

※惟仁親王：後の清和天皇。

※文徳天皇は、惟仁の成人まで、惟喬に皇位継承しようとしたが、藤原良房の反対(惟喬暗殺)を恐れ、実現しなかった。

残り四人の詳細は不明だが、惟喬親王が隠棲した比叡山《ひえいざん》西麓は、小野氏の支配地。彼は小野宮と呼ばれ、小野一族の小野小町と繋がりがある。
また小野小町と文屋康秀《ふんやのやすひで》は歌のやり取りから、親密な関係だったと伝えられている。
大伴黒主は、大伴氏の末裔《まつえい》。喜撰法師は、紀仙という意味で、紀氏と繋がると考えられている。
大伴氏・紀氏は古代からの名族だが、藤原氏のために没落している。つまり歌仙として選ばれた六人は…
惟喬親王に近く、藤原氏の陰謀で、無念の思いを抱いた可能性が高い人達だ。
だから歌の名人という最高の栄誉を贈って鎮魂する必要があったと?
そういうこと。

藤原氏に怨念《おんねん》を抱いて世を去った人々は、鎮魂しないと怨霊と化す危険がある。だから醍醐天皇と藤原氏は、紀氏出身の紀貫之に任せた。
貫之は、「歌の名人」という「勲章」を贈って鎮魂に努めた。
それが平安時代の鎮魂のやり方なんですね。
雷を落としたとされる菅原道真を天神様に祀り上げ、天満宮という神殿に祀ったのも同じ。
この文芸を利用した鎮魂と、神に祀り上げる鎮魂は、いずれも醍醐天皇を起点として始まっている。
だから醍醐天皇は歴史の分岐点なんですね。
そして、この文芸による鎮魂は、素晴らしい成果を日本にもたらした。君はその成果の名前を知っているはずだよ。
成果って…鎮魂の文芸?『平家物語』ですか?
残念。
では、それが分かるところに行こう。

969(安和《あんな》2)年
京　郊外
あれは誰ですか?
ついこの間まで左大臣だった源《みなもとの》高明《たかあきら》という元皇族だ。天皇家が、藤原氏に対抗するために設けた源氏の、最後のエースだ。
しかし藤原氏に無実の罪を着せられ、配流地の大宰府に向かっているところだ。
藤原氏に対抗するために設けた?
そう。天皇家も、藤原氏の専横を黙って見ていたわけじゃない。宇多天皇は菅原道真を起用して対抗しようとした。
その七代前の嵯峨《さが》天皇は、次男以下息子らを皇族からはずし、源姓を名乗らせて家臣の列に加えた。
そして彼らを左大臣や右大臣に抜擢し、藤原氏に対抗し天皇家を守るためにね。
源氏とは、そういう目的で作られた元皇族グループなんだ。

その最後のエースが、醍醐天皇の十男、源高明だ。
でも殺されたわけじゃないですよね、最後というのは？
いいところに気がついたね。彼に着せられたのは謀反の罪。中国やヨーロッパなら死刑だが、
藤原氏は死刑にまでは追い込まない。
怨霊のタタリが怖いからですか。
そう。源高明も二年後には帰京を許されるが…
すべての地位と名誉と財産を失った。これ以後、都落ちした地方の源氏が勢力を伸ばすまで、源氏出身の左大臣や右大臣はほとんどいなくなる。
ほぼ藤原氏の独占だ。
だから最後なんですね。でも、これと文芸作品と何の関係が？
それを理解するには、もう一つのシーンを見る必要がある。
京　御所

!
そのままでよい。一刻も早く先を読みたい。続けなさい。
左大臣　藤原道《みち》長《なが》
恐れ入ります。
宮中でも大層な評判じゃ。
そうそう、※紙屋院より良い紙を運ばせておいた。使《つこ》うてくれ。
楽しみにしておるぞ。
男は左大臣藤原道長。眼病に苦しむ三条《さんじょう》天皇をいじめて退位させたトンデモない奴だ。
ありがとう存じます。

※紙屋院：平安時代、京都にあった官立製紙加工所。

女の人は？
一般には紫式部《むらさきしきぶ》と呼ばれている。
じゃ、書いているのは『源氏物語』。
そう。源氏の物語だ。肝心なのは、その執筆を日本一のゴーマン男の道長が応援している点だ。
源氏は藤原氏のライバルだよ。
『源氏物語』は虚構《フィクション》だけど、主人公の光《ひかる》源氏 つまり源氏の若者が、ライバルの右大臣家に勝ち、その息子が次の天皇になるという物語だ。
なぜ藤原氏がそんな物語の執筆を応援するのか？変だろ。
実際は勝ったけど、物語の中では相手に花を持たせる？
そうか、これが文芸的鎮魂の方法なんですね。
そう。光源氏のライバル右大臣家は、明記してはいないが、この時代に源氏と最後まで争った藤原氏以外にない。
藤原氏の名は仮でも、鎮魂する対象は「源氏」と明記しないと鎮魂にならないだろ。
さらに、この物語では、本来は仮の名にすべき重要人物がもう一人実名で出てくる。

誰ですか？
物語の中で天皇になる光源氏の息子。冷泉《れいぜい》帝と呼ばれている。それ以前の歴史上にも冷泉天皇は実在する。
それはいつの時代？
源氏最後のエース源高明が流罪にされた時の天皇、流罪を許可した天皇が冷泉天皇だ。
これは歴史的事実。つまり、
『源氏物語』とは、たとえれば「関ヶ原で、徳川家康ではなく石田三成が勝つ」という物語で、それを家康の子孫が書かせているという図式だ。
この図式こそ…
怨霊信仰、そして鎮魂という日本独自の信仰が、文化に昇華したものなんですね。
その通り！

エピソード5
新しい天皇「新皇」を目指した平将門と「武士」の誕生
はぁ〜
……
どうしたの？ ため息なんか ついて。
ほんとうに 平安貴族って、 ひどかったんですね。
平安時代って、雅《みやび》な 王朝文化のイメージだけど、 いい思いをしてたのは 貴族だけ。 庶民は地獄なんですね。
確かに。
国政を預かりながら、 やっていることは、 私有地をいかに増やすかや、 歌を詠むくらいだからね。

じゃあ、平安貴族の問題点を整理しておこうか。
実はそれが原因で、武士が誕生することになった。理由は二つだ。
9世紀半ば頃から権力を握ったのは、天皇の外戚である有力貴族、藤原摂関家だけど…
藤原氏の寄生虫化ですね。ひたすら私腹を肥やそうと専念していた。
贅沢な暮らしには財力が必要だからね。でも、ここで重要なのは、上位の者がやることは、下位の者もマネをする、ってこと。
？
※国司とかになる中級以下の貴族達も、私腹を肥やしてたってことですか。
そう。地方行政は国司任せで、国司になれば一財産作れる。それが一つ。
もう一つは？
ケガレ忌避信仰の最大の影響は何だった？
コト
その信仰が頂点に達した結果、朝廷は軍事や治安維持から手を引き、一切やらなくなった。
軍事警察権を放棄して、ケガレ仕事は地方も含めて※代行者にすべて任せたってことだね。
その結果はどうなった？

※国司：地方支配のため派遣された役人。国の規模により、守(かみ)、介(すけ)、掾(じょう)、目(さかん)に分けられ、行政・徴税・軍事などをつかさどった。

※代行者：上皇を警護する北面の武士、宮中警護にあたった蔵人、京市中の警察である検非違使などの武官。

検非違使を設けた中央はともかく、地方の治安は悪化しました。
つまり無法状態となった地方で、国司となった者は、自己防衛だけでなく、群盗や海賊への対処や治安維持を、代行者に頼らざるを得なかった。
下総国《しもうさのくに》 相馬《そうま》郡
(千葉県北部)
それを見に行こう。
ジャブ
ジャブ
きゃあ!
大変!
大丈夫だよ。
!?

グサッ
ダッ
大事ないか？

小次郎様、ありがとうございました。
早く着物を着ろ。
また襲われるぞ。
誰ですか、あの人?
通称「相馬の小次郎《こじろう》」、歴史上では平将門《たいらのまさかど》と呼ばれている。
あの人が将門ですか。人気がありそうですね。
そりゃそうだろ。国は治安を守ってくれない。地方は悪党のやりたい放題。だが、ここは違う。
地元の大地主で武装集団の長でもある平将門が民衆を守っている。
頼りになる地元の若親分ってとこかな。
それで人気なんですね。
中央から来る役人は、地元民を搾取することしか考えていない。それを地元民の立場で守っているのが将門だ。
だからこの人気はもっと高まる。次に行ってみよう。

将門も源氏と同じ賜姓《しせい》皇族の流れをくむ。彼の祖父は高望王《たかもちおう》という皇族だったが、「平」の姓を※下賜《かし》されて平高望と名乗り、上総介《かずさのすけ》に任じられた。
王とは天皇の孫で、天皇の子の親王より格が低い。親王から臣籍に下った源氏より、中央で出世する見込みがない。
そこで早々と地方に活路を見出した。
国司となって、実際に赴任したんですね。
そこまでは紀貫之や清原元輔《きよはらのもとすけ》らと同じだが、高望王は任期が過ぎても都には帰らず、在地の有力富農層と組むことにした。
地方に土着する道を選んだ。
なぜですか?
地方でなら藤原摂関家に上納金を渡しておけば、お山の大将でいられるからね。開拓して、自分の領地を持って、邸宅に住んでも何の文句も言われない。
もちろん、私有財産つまり領地は、武装して守るしかないけどね。
それが武士の始まり。
そういうこと。

※下賜：天皇が臣下に何かを与えること。

国司として赴任した貴族は、基本は地元民から搾取して都へ戻るが、彼らのように土着した貴族らは、地元の民を大事にする。
守ってもやるし、助けもする。だから人気が上がる。
なるほど。
次に行こう。その人気が頂点に達したところだ。
939年（天慶《てんぎょう》２年）12月
上野国《こうずけのくに》　国府
（群馬県前橋市）
平将門
前 武蔵《むさし》※権守《ごんのかみ》
興世王《おきよおう》
将門に率いられた私兵は、この年、関東の国府※を次々と落とした。つまり、朝廷に対して反乱を起こした。
国府側にはろくな兵力はないから、実に簡単なこと。

※権守：守（国司）の下に設けられた仮の役職。

※国府：国ごとに置かれた地方行政府の所在地。国衙（こくが）とも。

反乱に踏み切った理由は？
政府の圧政、つまり理不尽な施策が原因だ。朝廷は民衆から搾取することしか考えていない。だから民衆は将門に期待した。
見ててごらん。
我、八幡大菩薩《はちまんだいぼさつ》の神霊なり！
心して聞くべし！
朕《ちん》が位を将門に授ける。その位記は右大臣菅原道真、表わす！
皆の者ども、之を迎え奉るべし！
ザワ ザワ
………!!

スゥ
巫女の神託です、お受けなされ。
承知つかまつった。
皆の者！我は、これより新皇《しんのう》と名乗る！ついて参れ！
おおう！
ここが歴史の分岐点！
巫女《みこ》の神託がですか？
そう。

あの巫女に、八幡大菩薩の神霊が降りてきた。八幡大菩薩は応神《おうじん》天皇だ。その応神天皇が将門に天皇の位を譲ると言った。
しかも、この辞令に菅原道真も連署した。だから、お受けせよと。将門のブレーンで皇族の興世王が勧めた、というわけ。
前に見た和気清麻呂《わけのきよまろ》が受けた宇佐《うさ》神宮の神託と同じですね。
昔はこうした人々が珍重され、神の意思を伝えていた。
日本の歴史学者の多くは認めないけどね。将門の自作自演とか、興世王が仕組んだとか主張する。
宗教を無視することが合理的と考えているんだよ。
でも、こうした習慣は世界中にある。ギリシアの神殿にも、トランス状態になって、神託つまり神のお告げを口にする巫女がいた。
神託って、まさに民衆が望んでいることを巫女が告げるんですね。
その通り。だから将門は新しい天皇、「新皇」になることを決意した。まさに歴史的瞬間だね。
そうだ、あの場面も見ておいた方がいいな。

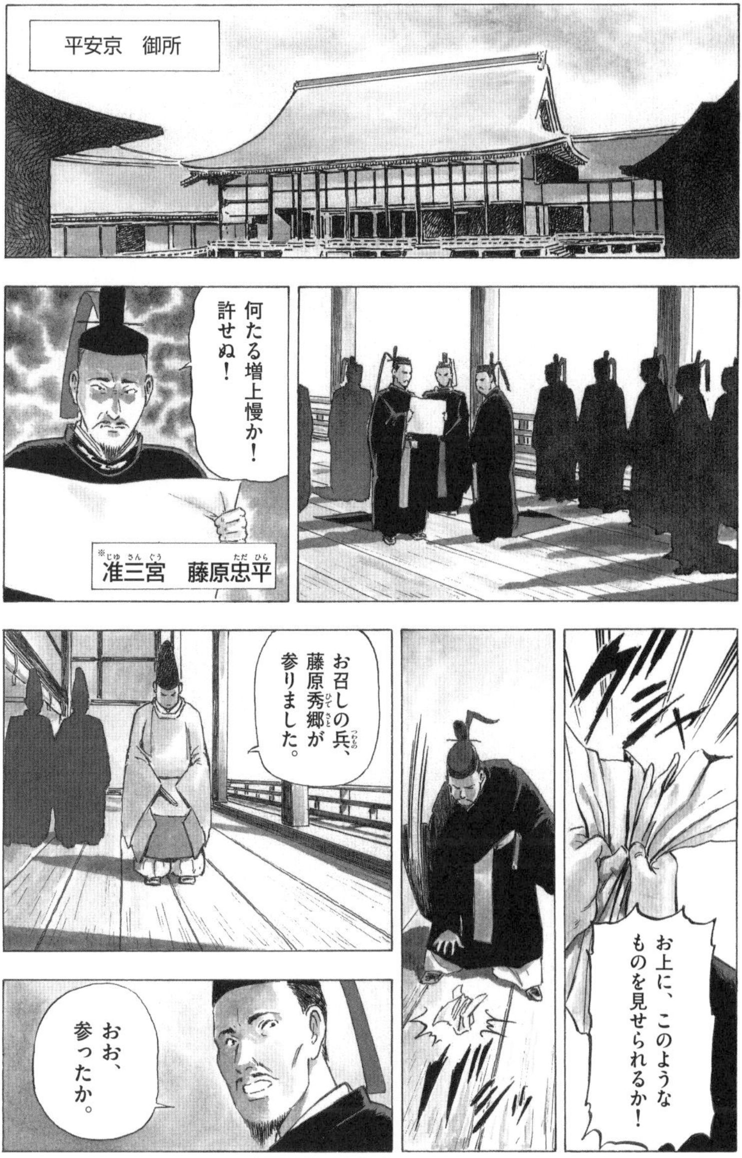
平安京　御所
何たる増上慢か！許せぬ！
※准三宮《じゅさんぐう》　藤原忠平《ただひら》
クシャ
お上に、このようなものを見せられるか！
お召しの兵《つわもの》、藤原秀郷《ひでさと》が参りました。
おお、参ったか。

※准三宮：平安時代以降、皇族・大臣や功労ある公卿などを優遇するために設けた称号。准三后とも。

※藤原秀郷
（俵藤太《たわらのとうた》）
よう参った。※直答《じきとう》を許すぞ。
ははっ。藤原秀郷、お召しにより参上いたしました。
そなたの武勇は都にまで鳴り響いておるぞ。
恐れ入り奉ります。
そなたに、天地ともに許されざる朝敵、平将門の討伐を命ずる。よいな、必ず将門めを討て。
畏《かしこ》まってそうろう。

※藤原秀郷：平安中期、関東の豪族。藤原姓を名乗る中下級の軍事貴族。源氏や平氏と同様に、地方で勢力を伸ばした。

※直答：身分の高い人と直接話すこと。

藤原秀郷って、
俵藤太ですよね。
ムカデ退治でしたっけ？
それは伝説。だけど
武勇に長けていた
というのは事実だね。
何しろ、将門軍を破って
大将の首を取ったんだから。
ただ、もし将門が彼に勝った
としても、最終的な勝利は
なかったと思うけどね。
結局、将門は首を取られて、
都にその首が晒された。
日本で公式に晒し首になった
第一号とも伝えられている。
どうして
最終的勝利は
ないんです？
戻って話そう。
あの破られた書状の中身も
気になるだろ。

コト…
ありがとう。
カチ
さてと…
これが、将門が当時の朝廷に送った宣言だ。一番肝心なところはここ。
「昔、兵威を振ひて天下を取る者。皆史書に見る所なり。将門、天の与へたる所、既に武芸にあり。思ひはかるに等輩《とうはい》誰か将門に比《なら》ばん」
意味は?
どんな人間でも軍事力さえあれば天下を取れる。
それは中国の歴史書を見ても明らか。今、日本で一番武芸に秀でる者は自分だから、自分が天下を取るのは当然、ということ。
確かに、中国や世界のルールはそうだが、日本はそうじゃなかっただろ?

日本の絶対ルールですね。天皇家のDNAを持たない限り、天皇にはなれない。将門はそれを破ろうとした。
だから歴史の分岐点？
いや、将門は、この宣言の冒頭に、自分は桓武天皇五世の孫であることをわざわざ書いている。
自分も天皇家のDNAを持っていると？
そう。天皇家のDNAに関係なく天下を取ろうとしたのは、織田信長が日本で最初だ。
信長は16世紀の武将ですよね。将門は10世紀。六百年もかかったのか。
信長は結局、「天皇超え」には成功しなかった。将門もそう。
もし将門が藤原秀郷を破ったとしても、最終的な勝利を得られなかったというのは、なぜですか？
秀郷が、朝廷の命に従ったことでも分かるように、この時代、まだまだ朝廷に対する武士の独立意識が成長していない。
将門のような企てが成功するには、武士全体が、朝廷に対抗する明確な意識を持ち、軍事的にも団結しなければならない。

逆に、それさえ成功すれば「武士の武士による武士のための政治」が実現する。誰が、それを実現させたか分かるよね？
時代的には将門と信長の中間の人物。
源頼朝ですね。そうか、鎌倉幕府の成立ってそういうことなのか。
鎌倉幕府の成立は11世紀後半。つまり、将門から二百年以上を要した。
世の中はそう簡単に変わらない。もちろん、そのきっかけはある。例えば…
この項目を見てごらん。
前九年の役(ぜんくねんのえき)
永承《えいしょう》6年(1051)から康平《こうへい》5年(1062)にかけて、
陸奥《むつ》の豪族安倍頼時《あべのよりとき》とその子貞任《さだとう》・宗任《むねとう》らが
起こした反乱を、朝廷が源頼義《よりよし》・義家《よしいえ》を派遣して
平定させた戦役。後三年の役とともに源氏が
東国《とうごく》に勢力を築くきっかけとなった。
(『デジタル大辞泉』)
これ、学校で習いました。反乱なのに「乱」じゃなく、「役《えき》」と呼ぶんですよね。
理由は知ってる？
蒙古《もうこ》襲来や秀吉の朝鮮出兵は、「役」。つまり異民族相手の戦乱だから。
そう。安倍氏の元は、坂上田村麻呂《さかのうえのたむらまろ》に征服されたアテルイを棟梁《とうりょう》とするエミシの子孫だからね。
ところで、反乱ってどんな時に起こる？
どんな時って、中央政府に不満がある時です。

確かにそうだけど、反乱に失敗すれば全員殺される。つまり、勝つ見込みがなければ、反乱は起こらない。
この時、反乱軍は勝てると思った。その理由は？
朝廷は、軍事放棄して軍隊を持っていないから。
その通り。反乱を起こしても大規模な鎮圧軍が来る心配はないと思った。ところが、朝廷は別の手を打っていた。
それを見に行こう。
1063(康平6)年2月
平安京　源頼義の館
前 陸奥守 源頼義
嫡男　源義家
何してるんですか？
除《じ》目《もく》の結果を待っている。
人事発令ですね。

そう、自前の軍隊を持たない朝廷は、将門の乱の時と同様に私兵集団の長を抜擢した。
特にこの時は、源頼義を陸奥守および鎮守府《ちんじゅふ》将軍、つまり陸奥の国司と出先機関の軍団長という肩書きを与えて、反乱鎮圧に派遣した。
朝廷が打った手は、軍事の外注ってことですか。軍隊を持たない朝廷の苦肉の策ですね。
まさにそう。必要に応じて民間にアウトソーシングした。
だから源氏武士団の長である源頼義は、五十を過ぎてから生まれた嫡男の義家と共に、自腹を切って反乱を鎮圧し、京へ凱旋《がいせん》した。
どれほどの褒美がもらえるかワクワクしてるところだ。
知らせが来たぞ。
申し上げます。

待ちかねたぞ、
申せ。
殿は伊予守《いよのかみ》に
任ぜられました。
何、伊予守とな。
して、他に
御沙汰は？
ございませぬ。
父上、これは
あまりと言えば、
あまりの御沙汰！
申すな！
されど、
これでは。
いや、不満を
口にするでない。

何が不満なんですか？
自腹を切ったんだから当然、それに対する恩賞が与えられると思っていた。
しかし何もない。朝廷の軍事行動に貢献したのに、身分の取り立てもない。
そして本音は、陸奥守に再任してもらいたかった。
陸奥は大国で、馬や砂金が豊富だし、その地を平定するため多くの犠牲を払っていたからね。
でも朝廷にとって、武士は使い捨てでしかない。
ひどいですね。
確かにひどい。だから武士達は、逆に団結を強め、朝廷に反抗するようになる。その不満が新しい時代を切り開いたんだ。

エピソード6

鳥羽上皇の「院政」で始まった藤原氏「弱体化」と平家の台頭

平安時代後期、武士階級は、地方の豪農として財力と軍事力を蓄えながら、勢力を拡大していったわけだけど…
武士政権成立のために必要な条件って何だと思う？
武士集団が力を合わせ、藤原摂関政権に立ち向かう団結力です。
もちろん、それは必要なこと。
でも、それだけじゃ足りない。他にもある。むしろそれこそ、この時代の歴史を理解する最大のポイントだね。
何ですか、それは？

藤原氏の場合、軍事はともかく財力を天皇家から奪い取った。しかし、それ以上に必要なのは、天下の主となるための権威だ。
「権力の正当性の証明」と言い換えてもいい。
天皇家のDNAを持たない藤原氏は、だから関白という地位を作った。
そうか。武士も、藤原氏と同じように、関白みたいな天皇家の代理人という地位を作ることが必要なんですね。
そういうこと。だが、天皇家の代理人と言っても、そう簡単じゃない。「関白」を作るのには、藤原氏だって何百年もかかったからね。
武士の中で、その基礎を築いた男を見に行こう。彼は京都にいる。
御所ですか?
死のケガレにまみれた武士は、御所の殿上《てんじょう》に昇ることはできない。僧侶は「ガイジン」扱いだから例外だけどね。
持統《じとう》天皇以来の伝統ですね。
そう。葬儀と医療だけは、ケガレに満ちていても排除できない。だから仏教つまり僧侶に任せた。
だが武士は使い捨ての道具。御所の庭の地べたに座らせておけばいい。それがこの時代の天皇や公家の感覚だ。

これから、寺に行くよ。
この寺は知ってるかな？
知ってます。三十三間堂《さんじゅうさんげんどう》ですね。修学旅行で来ました。
確かに三十三間堂だけど、
ちょっと違うんだな。同じ三十三間堂でも、君が行った寺は、正式名「蓮華王院《れんげおういん》」。平清盛《たいらのきよもり》が後白河《ごしらかわ》上皇のために建てた寺だ。
ここは「※得長寿院《とくちょうじゅいん》」という別の寺。
え？でもそっくりですよ。
そりゃ、そうだよ。この寺をモデルに、清盛は三十三間堂を造ったんだから。
ほら、造った男がやって来たぞ。

※得長寿院：現存しない。京都市左京区岡崎徳成町に跡地を示す石碑がある。

備前守《びぜんのかみ》　平忠盛《たいらのただもり》
鳥羽上皇《とばじょうこう》
見事なものじゃ。でかした。
もったいないお言葉。恐悦至極に存じ奉ります。
褒美として、そなたに昇殿を許す。
ま、まことでございますか!?

身《み》が言葉を疑うのか?
め、滅相もございません。御無礼の段、平にお許しを。
お、お上《かみ》!お待ちください!先例がございません。その儀ばかりは…
左様でございます!この者は…
たわけ!異存あるなら、かような寺を献上してから申せ!
ここが歴史の分岐点!
分かるよね?
ケガレまみれと差別されている武士が、史上初めて「最もケガレなき神聖な」御所への昇殿を許されたんですね。
うまい表現だね。その通りだ。
で、あの二人は何者ですか?
鳥羽上皇と、この寺を献上した平忠盛。清盛の父だよ。

上皇《じょうこう》って、譲位した元天皇のことですね。
そう。出家すると法皇《ほうおう》と呼ぶ。ちなみに、忠盛は元※北面《ほくめん》の武士だ。
北面？
北面の武士は、鳥羽上皇の祖父で、院政を始めた白河《しらかわ》法皇が創設した。
院の御所の北側に近侍して、身辺を警護した中下級貴族の武士のことだ。
まあ、院の用心棒ってとこかな。
その白河法皇が、直属の北面の武士を次々に検非違使《けびいし》や国司に抜擢した。
権力濫用ですね。
院の運営費を工面するためだよ。
平忠盛も、国司となって諸国の※受領《ずりょう》を歴任し、莫大な富を蓄えた。
だから寺の一つや二つってわけですね。
そう。武家が昇殿を許されたってことは、武士政権への第一歩だ。

※北面の武士：平清盛、源義朝、佐藤義清（西行）など。

※受領：平安中期以降、国司のうち、現地に赴任して実際に政務を執った最上位者のこと。

しかし、上級貴族である※公卿《くぎょう》達の反発はハンパない。それを見に行こう。
1131(天承《てんしょう》元)年11月23日
京都御所 清涼殿《せいりょうでん》
何してるんです?
平家《へいけ》滅亡が描かれた『平家物語』の※トップシーンだよ。
昇殿を許された平忠盛に反感をもつ公家らが、忠盛を待ち伏せして、闇討ちしようとしている。
ほら、忠盛が来たぞ。

※公卿：公と卿の総称。公は太政大臣、左大臣、右大臣。卿は大・中納言、参議等、三位以上の貴族のこと。

※『平家物語』巻第一「殿上闇討」

やられちゃうんですか?
まあ、見ててごらん。
キラッ

戻ろう。
あ、はい。
あれで無事に済んだってことですか？
もちろん公家達は訴えた。ことにもあろうに御所に武器を持ち込むとは何事か、と。
だけど、あの太刀は木刀《きがたな》に銀箔を貼ったもの。しかも忠盛は退出時に、それを警護の役人に預けて行った。
だから武器じゃないと証明されて、罰しようがなくなった。
やりますね。忠盛って頭がいい。
公家達も忠盛を殺すつもりはなかった。
ここで殺したら、ますます御所がケガレますからね。
その通り。だから闇討ちといっても、布団蒸ししかできない。
そうか。ケガレている忠盛の体に触れたくないからだ！

冴えてきたね。
じゃ、忠盛を昇殿させた鳥羽上皇の決断は、大英断だと思う？
それによって、朝廷が武士に権力を奪われるきっかけを作ってしまったわけですよね。
大きな決断だけど、大英断とは言えないですね。
その通り。
俗に言う「軒《のき》を貸して母屋《おもや》を取られる」という結果になったからね。でも、鳥羽上皇が決断せざるを得なかったのには、大きな理由があった。
寺を丸ごと献上という、忠盛のパフォーマンスに感動したからじゃない。
どんな理由ですか？
さっき出てきた「院政」は知ってるよね。
まあ…教科書レベルですけど。
事典※で引いてみよう。
カチャ
カチャ
「院政」太上天皇（上皇、法皇）の執政を常態とする政治形態。律令政治が天皇と貴族の共同統治的官僚政治であり、
摂関政治が上級官僚貴族の寡頭政治的色彩が強いのに対し、白河上皇の専制的な権勢のもとに定着した政治形態を、後世の史家が院政と名付けたのである。

※『世界大百科事典』（平凡社刊）「院政」の項目の冒頭の記述。

通り一遍の説明だね。最も肝心なことが書かれていない。
どういうことですか?
院政とは、天皇家の藤原氏に対する逆襲なんだよ。
思い出してごらん。
藤原氏は、墾田永世私財法とか摂政関白とか、様々な「道具」を使って、天皇家の権力と財力を奪ってきた。
そのため、平安中期以降、天皇は「お飾り」になってしまった。だが、天皇家にだって優秀な人間はいる。
藤原氏に奪われた権力を、取り戻すためのアイデアが院政だ。
そうだったんですね。
院政とは、引退して上皇になった元天皇が、太政官つまり政府を無視して勝手に政治を進めること。
元天皇の隠居オフィスが院。そこで「オレは今の天皇のオヤジだ」という権威を振りかざして国を動かした。
天皇家にとってのメリットは?

藤原氏の影響を受けないってことですか?
そう。院は国政上、律令に縛られる太政官政府に所属する組織ではないから、何でも上皇の思うまま。
公の政府では、左大臣や右大臣を藤原氏以外の者にすることは難しいけど、院のスタッフなら身分は関係ない。優秀な人間を集められる。
ただ、この院政にも一つ大きな欠点がある。
欠点?
政府組織から離れているから予算がない。
院の予算は、国からは事務所運営費程度。院領からも少しだけ。
政治をやるにはカネが要る。つまり院政とは権威はあってもカネがない。だが、ちょうど逆の組織があるだろ?
武士団ですね。カネはあるけど権威がない。
だからこそ鳥羽上皇は、武士団の長である平忠盛を優遇し、そこから政治資金を引き出そうとした。
忠盛は、国家事業であるはずの大寺院を単独で建設できるほどの大金持ちだからね。

平安末期の武士の実力って凄いんですね。
ここで一つクイズを出そう。
忠盛は結局、上皇に引き立てられ、ある省の長官にまで出世する。何の長官だと思う?
ヒントは、公家達にあれほど差別されている忠盛だから、普通の省では、前任者も部下も激しく抵抗する。忠盛だってやりにくい。
……?
分かった。ケガレ仕事である軍事・警察部門の省…
兵部省か刑部省!
ピンポーン。正解は※刑部卿《ぎょうぶのかみ》。
こんなケガレ仕事ならアイツにやらせてもいいや、と公家達は思った。
実際、※令外官《りょうげのかん》である検非違使がいるから、この省は開店休業状態で、名誉職みたいなものだ。
そして、このやり方が発展して、日本国すべての軍事・警察業務を武士団に委託しようと朝廷が考えたら、どうなる?

※刑部卿：刑部省の長官のこと。

※令外官：律令制に定められていない官職のこと。中納言、内大臣、征夷大将軍、摂政、関白など。

武家政権が成立しちゃいますね！
もちろん、一気に行ったわけじゃない。
まだ、忠盛がようやく朝廷の一角に食い込んだばかりだ。
だが、忠盛には何よりも強い味方「カネ」がある。
実は、日本一の大金持ちになった忠盛の収入の多くは、農業によるものではない。別の財源があった。
それを見に行こう。
1149年(久安《きゅうあん》5)年　夏
瀬戸内海　某所
あの人は？

忠盛の長男、
平清盛の若き日の姿だ。
安芸守《あきのかみ》　平清盛
今、中国・宋《そう》の商人と
※貿易をやってるところ。
ひと悶着あるけどね。
取引成立だな。
では品物をもらって
いくぞ。
手ブラデ帰ッテ
クダサイ。
命ダケハ助ケマス。
後ろを見ろ、
と主人に言え。

※貿易：平安中期から鎌倉中期、日本と中国の宋との間で行なわれた貿易を日宋貿易という。

!
臭箭還想射我《チョウジャンハイシャンスーウオ》。
(そんな腐れ矢が当たるものか)

シュッ!
ギャアアー
グッ
ガッ
命までは取らぬ。ただし
品物はもらっていく。
カネも置いていってやる。

またよろしく頼む、と伝えておけ。
この時代の武士ってかっこいいですね。
自分の力で運命を切り開く人々だからね。
ケガレを嫌い言霊《ことだま》に頼っている公家達と、根本的に人種が違う。いや信仰が違うと言うべきかな。
彼らは、いくつかある平氏※一族の一つだが、日宋貿易で巨大な富を築き上げた忠盛系の人々を、特に平家と呼んでいる。
平家はこの財力で朝廷に食い込んでいった。次は、あそこも見ておこう。

※平氏：皇族賜姓の豪族。四つの流れがあり、桓武平氏の流れである平家は、伊勢を根拠地としたため伊勢平氏と呼ばれた。

兵庫 大輪田泊《おおわだのとまり》
建設現場
港の工事ですか？
この辺は大輪田泊《おおわだのとまり》。
後に神戸港と呼ばれる場所だ。
奈良時代の僧で、多くの社会事業を手がけた※行基《ぎょうき》が築いたとされる。その後も何度か修築されたが、藤原氏の台頭によって放置された。
藤原氏はこんな公共工事なんかやらないからね。

※行基：百済系渡来人。布教のため諸国を巡る中、民衆と共に道路・堤防・橋や寺院の建設にあたった。後に聖武天皇の東大寺建立に協力した。

それを、貿易発展のため、平清盛が自腹を切って大修築をしたことで、現代に繋がる一大貿易拠点になった。
国のために自腹で工事するなんて、私腹を肥やすことしか考えない寄生虫の藤原氏とは大違いですね。

だからこそ、彼ら平家が武士政権を担う主役になったんだよ。
なるほど。

エピソード7
保元の乱の「勝者」後白河が流罪にした崇徳院の怨念

我こそは
※鎮西八郎《ちんぜいはちろう》源為朝なり。
日の本《ひのもと》一《いち》の強弓《ごうきゅう》を
受けてみよ。
ぐわっ！
うあああぁ！
北門に回るぞ！
お館様！
ここで引いては、名折れになりまする！
源氏の相手は、源氏にさせればよい！

※鎮西八郎：為朝が自ら称した異名で、九州を制覇した源氏の八男という意味。

ザァ
ググ
ぎゃあ!

兄に逆らう気か、為朝！
源義朝《よしとも》
これはしたり！兄者《あにじゃ》こそ父上に逆らっておられよう！
ぐっ！
ビシュ!!
ぎゃ！
！
!?

火攻め※をかけたか！
清盛め、
油断ならぬ奴！
ちっ！
ゴォォ
崇徳《すとく》上皇
父上、兄者が
攻めて参りました！
左大臣
藤原頼長《よりなが》
源為義《ためよし》

※火攻め：『保元物語』では、放火は義朝の進言となっているが、『保元物語』はあくまで物語であって一級資料ではない。

親不孝者めが！
これまでじゃ、
苦労であった！
何を仰せられる。
戦はこれから。
始まったばかりで
ござるぞ。
お上のお言葉じゃ。
逆らうことは許されぬ。
ささ、
こちらへ。
これが歴史の
分岐点！

これって、どういう場面なんです？
清盛は分かったけど、他の人達は何者？
今日は保元元年7月。天皇家の相続争いに武士団が参加したことにより、単なる政争ではなく戦争になった。
もしかして保元の乱？
その通り。
崇徳上皇と後白河天皇の戦いだ。「これまで」と負けを認めたのが崇徳上皇。
結果、清盛は勝者となり、天皇家に対して、武士が強い影響力を持つようになった。
これが平家政権へと発展していく。
だから歴史の分岐点なんですね。でも、もう一人の攻め手の大将は？

あれは源氏で、源義朝。塀の上で矢を射ていたのがその弟の為朝。そして、
庭にいた老武士は、二人の父、源氏の棟梁《とうりょう》の為義だ。
親子で敵味方に分かれたんですか？
そう、親子間で、どちらにつくべきか争いがあった。
平家も、清盛の叔父の平忠《ただ》正《まさ》が負けた崇徳側に味方した。だが戦乱自体は、武士団が政治に関わるためには必要だった。
平時なら、武士団はケガレ仕事で酷使されるだけ。しかし戦乱になれば、朝廷は軍備がないから、頼るのは武士団以外になかった。
それにしても、天皇家は年から年中、相続争いをしていますね。
そりゃあ、誰もが天皇になりたいからね。でもこのケースは珍しいかも。
戻って説明しよう。

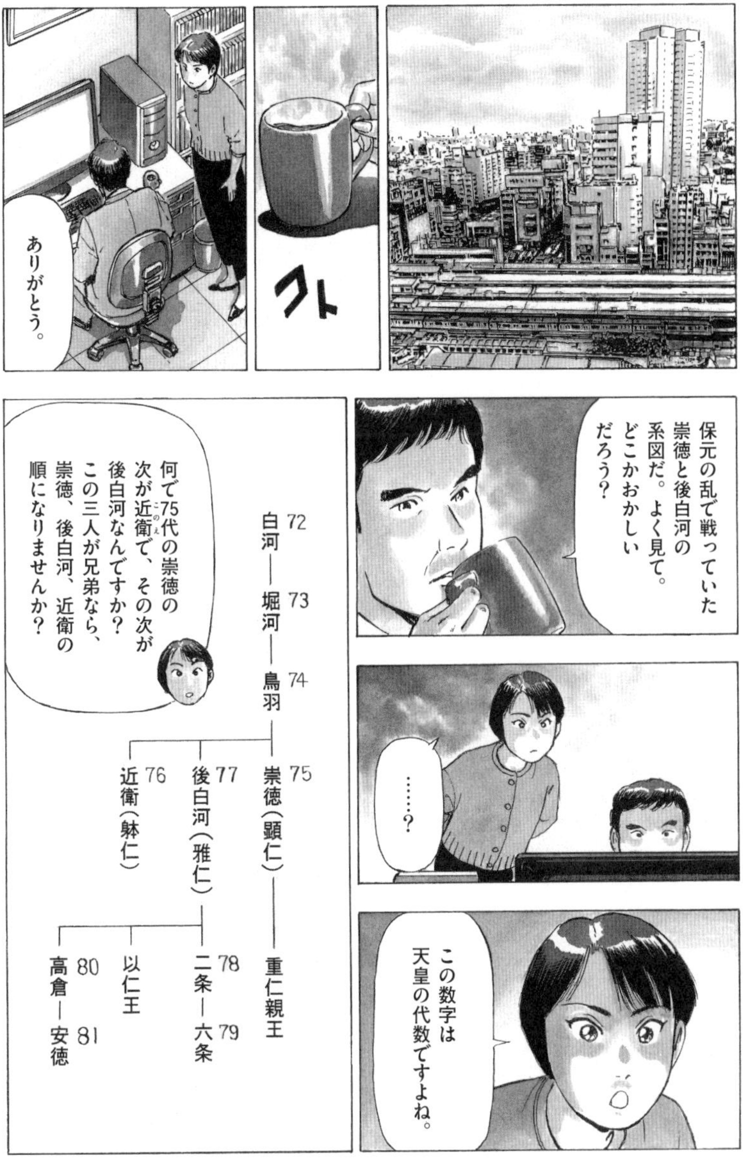
ありがとう。
保元の乱で戦っていた崇徳と後白河の系図だ。よく見て。どこかおかしいだろう?
……?
この数字は天皇の代数ですよね。
72 白河
73 堀河
74 鳥羽
75 崇徳(顕仁)
重仁親王
77 後白河(雅仁)
78 二条
79 六条
以仁王
80 高倉
81 安徳
76 近衛(躰仁)
何で75代の崇徳の次が近衛《このえ》で、その次が後白河なんですか?この三人が兄弟なら、崇徳、後白河、近衛の順になりませんか?

そう。そこが問題なんだ。
もう一つ重要なのは、崇徳の子の重仁《しげひと》親王が天皇になれなかったこと。この頃の相続は長男の子や孫が継いでいく。
その大原則が無視されている。
どうしてこんなことになったんですか?
崇徳は、父親の鳥羽《とば》上皇に嫌われ、イジメ抜かれていたからだよ。
えーっ!?
崇徳は曽祖父の白河上皇に可愛がられた。早く天皇にしてやりたいと思った白河は、まだ若い鳥羽を引退させて上皇とし、崇徳を天皇にした。
鳥羽はおもしろくない。上皇になっても院政を敷けるのは、原則的に「※治天の君」と呼ばれる最年長の一名だけ。
つまりただの上皇では何もできない。
ところが祖父や父が死んで「治天の君」となった鳥羽上皇は、崇徳天皇に対し、
引退して弟の近衛に位を譲れ、その代わり「治天の君」の座を譲るから、という交換条件を出した。

※治天の君：天下を治める君という意。天皇の父あるいは祖父の上皇(院)が政治の実権を握り、政治を行なった。治天の君の命令文書が「院宣」。

それならと、崇徳が
上皇になったら、鳥羽は
約束を破って「治天の君」の
座を譲らなかった。
ひどいですね。
ところが、その近衛天皇が
若死にしてしまった。
となると、当時の常識なら
崇徳の長男重仁親王が
天皇になるべきなのに、
鳥羽は「治天の君」として、
次の天皇を後白河にした。
どうしても崇徳親子に
皇位は渡したくない、
ということ。
崇徳も、鳥羽が生きている
間は屈辱に耐えていたが、
鳥羽の死の直後、
戦争を起こした。
後白河を追放し、
自分と息子の重仁親王が
御所の主になろう
と考えたわけ。
ところが清盛を
味方につけた
後白河側が勝った。
でも、分から
ないな。
なぜ鳥羽はそんなに
崇徳を嫌ったんですか、
自分の子なのに。

崇徳は、鳥羽の子ではなかった。実の父は白河法皇※だった。
え？　そんなことってあるんですか。信じられない。
じゃあ今度は…
この系図を見てごらん。
カチッ
ポイントは母親が誰かだ。
藤原璋子《しょうし》ですか？
72 白河
73 堀河
74 鳥羽
藤原得子
藤原璋子
75 崇徳（顕仁）
77 後白河（雅仁）
76 近衛（躰仁）
それは学者の読み方で、僕はタマコでいいと思う。
璋子は、幼い頃から白河法皇に育てられ、彼の孫鳥羽天皇の妃となった時には、白河の子の崇徳を懐妊していた。

※法皇：天皇を引退すると上皇。上皇が仏門に入り出家すると法皇と呼ばれる。

問題は、鳥羽天皇もそのことを知っていて、崇徳を「叔父子《おじご》」と呼んでいた、と※記録にある。
公式には自分の子だけど、本当は祖父白河の子。鳥羽にとっては、父親堀河《ほりかわ》の兄弟にあたる叔父になるからね。
それにしても、自分が手をつけた女性を孫の嫁にするなんて、ひどくありません？
それが、院政というシステムが生み出した人格なんだろうね。
「治天の君」である上皇とか法皇は、藤原氏に邪魔されることもなく、何でも自分の思い通りにできる。ワンマンの極致だ。
白河法皇は自分の思い通りにならないものが※三つあると言った。「賀茂河《かもがわ》の水、双六《すごろく》の賽《さい》、山法師《やまほうし》」、それ以外は何でもオレ様の思いのまま。
そしてこの系図を鳥羽の立場で見れば、崇徳、近衛、後白河という奇妙な継承順位の秘密も分かる。

※記録：『古事談』、鎌倉時代の説話集。

※法皇の「三不如意」として『平家物語』に収録。洪水を起こす鴨川の治水、サイコロの目、延暦寺などの僧兵だけは、思い通りにならないということ。

まず、崇徳を騙して
近衛を天皇にしたのは、
紛れもなく自分の子だから。
後白河も自分の子だけど、母親
璋子は白河の子も産んでいるから
近衛にした。しかし、
近衛は若死にしてしまった。
さあ
どうする？
憎い璋子の子だけど、
崇徳と違って
自分の子である後白河に
後を継がせた。
だから順番が入れ
代わってるんですね。
崇徳が
白河の子とする説を
否定する人もいるが、
否定したら
この変な相続順の
説明がつかない。
崇徳は
知ってたんですか？
かわいそう。
それに引き換え、
天皇の座を継いだ
後白河は、
後に出家して
法皇になるが、
それについての
記録はないが、どうも
知らなかったようだ。
なぜこんなに
イジメられるのかと、
彼は思っていたらしい。
祖父の白河に
勝るとも劣らないワンマンで、
後に天下を取る源頼朝は、
後白河を「日本第一の大天狗」
と呼んでいる。
意味は分かるだろ。
そのトンデモオヤジぶりを
見に行こう。

1156(保元元)年
京　船岡山(蓮《れん》台《だい》野《の》)
源為義と義朝父子ですね。何をしてるんですか?
これから息子の義朝が父為義の首をはねるところだ。
えっ、二人は親子でしょ。まさか崇徳みたいに実の息子じゃないとか。
憎み合ってはいても、血の繋がった親子だよ。義朝の表情をごらん。
どうしてこんなことに?
聞いていれば分かる。
早《はよ》うせい。日が暮れる。
父上!
帝のご命令じゃ。逆心は許されぬ。疾《と》くとせよ。

御免！
「帝」とは後白河。
死刑だとしても、それを息子にやらせることはないでしょう。
中国や朝鮮でもあり得ない。たとえ皇帝の命令でも、儒教世界では、「忠」より「孝」の方が上だ。拒否してもいい。
君主がそれを強制すれば人心を失う。しかし日本では、天皇を神の子孫とする神道の方が儒教より優位。だから後白河は命令した。
でも、あえて息子にやらせるなんて、やっぱりどうかしてます。
神道といえば、思い出さないか？天皇や公家は何を嫌っていた？
死のケガレですか。自分の手をケガしたくない。
この時代、どこの国でも反乱罪は死刑だ。しかし、
無実とはいえ反乱罪に問われた菅原道真も死刑になっていない。死刑という形で自分の手を穢《けが》したくないし、殺せば怨霊のタタリが恐ろしい。

だが武士達は差別の対象。こんなことも平気でやらされた。だからこそ彼らは一族郎党団結し、自分達の天下を作ろうとした。
その意味では、この処刑も一つの分岐点だ。
こんな残虐な命令を下した「日本第一の大天狗」後白河に会いたくない?
もちろん興味あります。
では、もう一つ彼が下した残酷な決定を見に行こう。三年後だ。
天皇から上皇になったばかりで、出家はしていない。
時にあの※五部大乗経、いかがすべきか。
後白河上皇
都に置いてはなりませぬ。ただちに送り返すべきでしょう。
※信西《しんぜい》入道
まあ、五部大乗経と申さば、大変功徳《くどく》のある御経。なぜ送り返すのでございますか?

※五部大乗経：「法華経」「華厳経」など、大乗仏教の重要な五種の経典。

※信西：俗名藤原通憲。妻が後白河の乳母だったため、その縁で出世した。

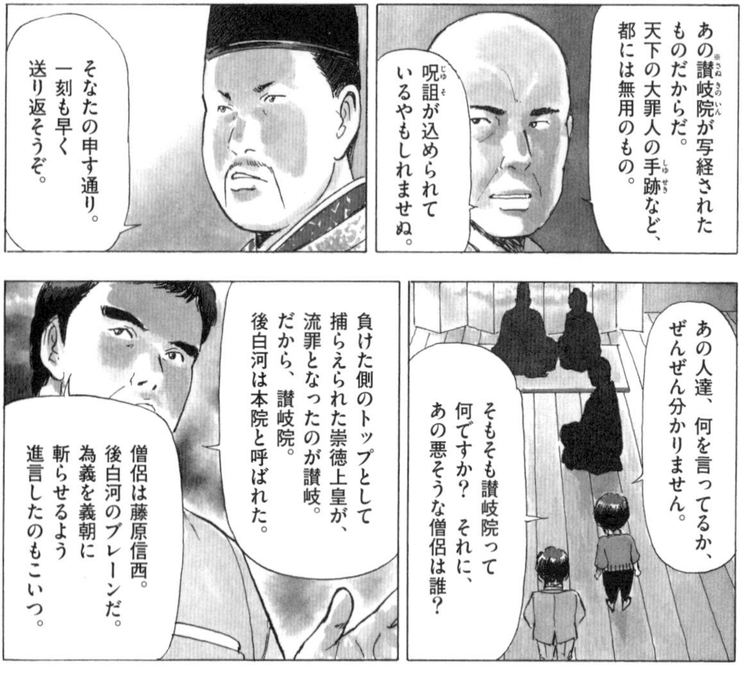
あの※讃《さぬ》岐《きの》院《いん》が写経されたものだからだ。天下の大罪人の手跡《しゅせき》など、都には無用のもの。
呪詛《じゅそ》が込められているやもしれませぬ。
そなたの申す通り。一刻も早く送り返そうぞ。
あの人達、何を言ってるか、ぜんぜん分かりません。
そもそも讃岐院って何ですか？ それに、あの悪そうな僧侶は誰？
負けた側のトップとして捕らえられた崇徳上皇が、流罪となったのが讃岐。だから、讃岐院。後白河は本院と呼ばれた。
僧侶は藤原信西。後白河のブレーンだ。為義を義朝に斬らせるよう進言したのもこいつ。
後白河と違って、崇徳は気弱なエリートって感じかな。
反乱の罪を反省し、犠牲者の供養と懺悔《ざんげ》の証《あかし》として、そして自分の後生も願うために、三年をかけて仏教の重要な経典を写経した。
その写本を京のどこかの寺に納めてくれと後白河の元に送ってきた。
それを受け取らずに送り返すんですか、ひどい。
そもそも崇徳があっさり矛を収めたのは、出家すれば、京に住むことが可能だと思ったからなんだ。

※讃岐：現在の香川県。

崇徳の息子重仁親王は
出家を条件に
都在住を許されていたが、
崇徳は大罪人として
出家も許されず、
辺境の讃岐に流罪となった。
無慈悲な仕打ちだ。
だが、これがとんでもない、
史上最凶の結果を
生むことになる。
崇徳の流罪先に、
行ってみよう。
ピタッ
どうした?
何か嫌な感じが…
とてつもなく
禍々《まがまが》しい気が
渦巻いていませんか?
それは崇徳院の発する
強大な負のエネルギーの
影響じゃないかな。
行くのをやめる?
……
行きます。
史上最凶というのを
見届けます。

讃岐国　白峰《しらみね》
おのれ
おのれ〜！
懺悔《ざんげ》の心で精魂込めて
写したものを封も切らずに
送り返すとは！
※雅仁《まさひと》め、許さぬ！
断じて許さぬ！
ギリギリ
ブチッ
願はくば五部大乗経の大善根を
三悪道に投げ打って、
日本国の大※魔縁《だいまえん》とならん！
この経を魔道に回向《えこう》し、
大魔縁となって遺恨を晴らさん！
皇をとって民となし、
民を皇となさん！

※雅仁：後白河の旧名。

※魔縁：仏教用語で、悪魔とか魔王のこと。

きゃあ!
!
気がついたかい。
これを飲んで、
気を落ち着かせる
といい。

ありがとうございます。私、まだ動悸が治まりません。
崇徳院の強烈な怨念《おんねん》が爆発したからね。君は日本一の大怨霊誕生の瞬間に立ち会ったんだよ。
それにしても…崇徳院は何と言ってたんですか?
天皇家を没落させ、天皇以外の人間をこの国の王とする呪いの言葉だ。五部大乗経という尊いお経の力を自分の怨念で悪い方向へ振り向け、
自ら「大魔縁」になってやると言った。
日本宗教史上、最も重大な発言の一つだ。宗教学者でさえ気づいてないけどね。
どういうことです?
西洋の魔物で言えば、吸血鬼ドラキュラが自分の血で呪いの言葉を聖書に書けば、
聖書の偉大な力を悪い方向に向けられると思う?不可能だろ? なぜ?
神の力は絶対だから…
あ!
そうか!日本では、仏より怨霊の力の方が、仏教より怨霊信仰の方が強力だってことだ。
また一つ、君は日本史の本質に近づいたようだね。

エピソード8

平安朝廷の崩壊をもたらした「平家vs源氏」の二大派閥

怨霊信仰って、日本人にとっては最大最凶の信仰ってことなんですね。
その通り。しかし、その事実に現代の日本人はまったく気づいていない。
宗教は人間の行動を支配する。この最重要の真理に気づかなければ、歴史など分かるはずがない。
どうして、そんなことになったんですか？
簡単なことだよ。
日本の歴史学界が宗教を軽視しているからね。そうだ、あの場面も見ておこう。

京郊外　愛宕山《あたごやま》
？
何ですか、この奇妙な場所は？
これは『太平記』という物語の中の※世界だ。
ある時、山伏の雲景《うんけい》が、連れとなった山伏に案内され、京郊外の愛宕山で催されている大魔王会議を目撃した。
そこには日本中から怨霊が集まっていた。見覚えのあるのもいるだろ？
あの女の人、確か…光仁《こうにん》天皇に殺された皇后？
そう。井上《いのえ》皇后だ。

※『太平記』巻二十七　雲景未来記事。

源為朝《ためとも》もいる。称徳《しょうとく》女帝に追放された※淳仁《じゅんにん》天皇や後醍醐《ごだいご》天皇もいる。
怨霊達が大勢集まって世を騒がす相談をしている。問題は、首座にいる金色の大きな鵄《トビ》だ。
あれこそ日本一の大怨霊、崇徳院の化身だ。『太平記』にはそう書かれている。
『太平記』って有名な軍記物※ですよね。
近代以前では『平家物語』も有名だが、『太平記』は、江戸時代に講談のネタ本になったから、字の読めない人でもその内容を知っていた。
日本最凶の怨霊が崇徳院で、天皇家がそのタタリで政権を失ったことも、庶民にとっては常識だった。

※淳仁天皇：「古代黎明編」エピソード13に登場。

※軍記物：中世の文学で戦争を主題に歴史を描いた物語。

崇徳院の怨霊パワーが、
奈良の大仏よりも
五部大乗経《ごぶだいじょうきょう》よりも強い。
これは日本史の常識。
そうだ。
？
あの物語の世界も
覗いておくか。
ぎゃあああぁ！
醍醐天皇
ギャアアア
僧　日蔵《にちぞう》（道賢《※どうけん》）

※道賢：平安中期の修験僧。金峰山で修行中に息絶え、蔵王菩薩の化身に冥府六道へと導かれ、日蔵と改名。後に蘇生したとされる。

これは『※扶桑略記《ふそうりゃっき》』に引用されている『※道賢上人冥途記』に描かれた物語の1シーンだ。
冥途ってことは、ここは地獄ですか。
鬼達に責められているのは醍醐天皇だよ。
醍醐天皇って、菅原道真を流罪にした天皇ですよね。
藤原時平《ときひら》の讒言《ざんげん》を信じ、無実の道真を憤死させたからね。
僧侶は道賢という人で、天皇を地獄の責め苦から救おうとしている。
だが邪魔が入る。
供養など無用！ただちにこの場を立ち去れぃ！

※『扶桑略記』：平安末期に天台宗の僧皇円が書いた歴史書。

※『道賢上人冥途記』：道賢が修行中、死んで冥途巡りをし、蘇生した物語。

どうか恨みをお捨てなされ！仏の慈悲にすがられよ！
捨てるものか！それを望むなら我を丁重に祀るべし！
仏教の世界では、あれを太政威徳天《だじょういとくてん》と呼ぶ。菅原道真の化身だ。
怨霊こそ、天皇も仏も超える存在なんですね。
道真って本来は学者ですよね。
だけど、激しい怨念によって太政威徳天に、神道では火雷天神《からいてんじん》という大怨霊になった。崇徳院と同じく、道真にも仏の力は通じない。
オオクニヌシ以来の怨霊信仰が、平安以降、日本最大の信仰になったってことだよ。

ありがとう。
コト…
崇徳院が日本最凶の怨霊であり、道真が神仏を凌駕《りょうが》する大怨霊になったことも、近代以前の日本人は常識として認識していた。
注目すべきことは、
天皇の地獄落ちという神聖な存在を冒瀆《ぼうとく》する話を、政治権力がなぜ、発禁にもせず放置していたのか、ということだ。
それだけ、最凶の怨霊だってことが、誰も否定できない日本人の常識だった？
その通り。過去の常識を知ることは、歴史研究の基本。だが現状は、ほとんど認識されていない。

それじゃ歴史研究になりませんよ。
そう。怨霊信仰が、人間の行動を左右していたという歴史的事実を、無視しないことこそ、
科学的合理的な研究者の態度だと思うけどね。
仰る通りですね。
確かに人々は、天皇家が武家に政権を奪われたのは、※崇徳院のタタリだと信じた。
そして、その信仰が後の日本人に多大な影響を与え、歴史を動かしてきたのも事実だ。
だが、実際に朝廷という政権が崩壊したのは、決してタタリのせいじゃない。
むしろケガレ忌避信仰ですか。
具体的な原因は、軍事警察権の放棄ですね。
そう。日本特有の信仰がもたらした朝廷の政権崩壊は、日本独自の現象とも言える。

※崇徳院のタタリ：後白河の近親者が相次いで死去。延暦寺の強訴。安元の大火では、京の三分の一が灰燼に帰し、大極殿も焼亡。平家打倒の陰謀が発覚した鹿ケ谷事件などが立て続けに起きた。

じゃあ具体的に、武士がどうやって自分達の軍事政権を構築したか見てみよう。
きっかけは、保元《ほうげん》・平治《へいじ》の乱でしたね。
その通り。
天皇家の跡目争いの政争に、敵味方に分かれて武士団が参加した。その武力闘争の結果、彼らは天皇家に対して強い影響力を持つに至るわけだが、
武士団には、源氏《げんじ》と平氏《へいし》という二大派閥が存在する。
でも、武士団同士が団結しないと、武家政権なんてあり得ませんよね。
その問題が一時的に解消されたのが、平治の乱だ。一致団結とは真逆だけどね。
平清盛と源義朝との争いですね。直接対決したんですか？
直接対決はした。ただし、戦国時代なら武士団同士で勝手に戦争ができるけど、この時代はまだ、兵を動かすには大義名分が必要だった。
平治の乱も、そういう天皇家の相続争いがあった？

簡単に言えば、二条《にじょう》天皇と後白河上皇が朝廷の覇権を巡って争い、平清盛と源義朝とが、各々の勢力に味方した。
二条と後白河、どっちが勝ったんですか？
双方痛み分け。
だけど覇権争いの代理戦争で源氏を撃滅した清盛だけが勢力を伸ばした。
結果的に、平家が武士を一つにまとめたんですか。
それにしても、朝廷内の権力闘争は激しすぎますね。内紛続きで武士を台頭させてしまうなんて…
もちろん皇族の覇権争いが原因だが、闘争の激化は、院政という政治システムができたからだよ。
それまでは天皇だけが皇室のトップだったのに、引退した上皇が、院政システムでトップに立てるようになった。
院政に持ち込めば、藤原摂関政治の干渉を排除し、改革を進めることができる。
だから、天皇こそ頂点だという伝統的考え方と、院政こそが天皇家を生かすシステムだという考え方の対立が生まれた。
それじゃ天皇派と上皇派の争いにならざるを得ませんね。

※信西：エピソード7に登場。

院政は、身分や家格に関係なく人材を選べるという利点もある。これまで、冷やメシを食っていた人物が、戦国時代の木下《きのした》藤吉郎《とうきちろう》のように頭角を現す。
彼らは優秀だから時代を引っかき回すし、戦争も起こす。
ただし、死ぬまでその栄華が続くとは限らない。※信西《しんぜい》入道がいい例だ。
苦心して写した五部大乗経を送り返せと、後白河上皇をそそのかし、崇徳院が大怨霊になるきっかけを作った坊さんですね。
信西は、家格の低い家に生まれたが、実力でのし上がった。この時代最高の出世頭だ。
その信西がどういう最期を遂げたか、見に行こう。
1160(平治元)年12月
京郊外　宇治田原《うじたわら》

どの辺りに
埋めた!?
ザザ
ザザ
あの竹筒の下で
ございます。
ん?
喉を突いて
おる!
ハハハ…
へっぴり腰では
死ぬことも
なるまい。

生け捕りには及ばず、と※下知《げち》を受けておる。
入道殿、御首を頂戴つかまつる。
た、助けてくれ！
ザシュ！
これで褒美が貰える。今夜は祝い酒じゃ！
おおっ！
保元の乱後、後白河の寵臣《ちょうしん》として飛ぶ鳥を落とす勢いだった信西が、まさに「驕《おご》れるもの久しからず」だ。
そんなに好き勝手しちゃったんですか？
要は急進的な政治改革、つまり権勢を振りかざしたために多くの守旧派に憎まれ、後白河派からも二条派からも狙われてこうなった。
当時は身分社会だから、成り上がり者を嫌うからね。ただし、これも崇徳院のタタリだと思っただろうね。

※下知：命令。

確かに…でも信西排除が、平治の乱のきっかけ？
信西という重しがなくなったことで、今度は後白河派と二条派が対立。最終的に平清盛と源義朝の軍団対決となって、源氏が負けた。
義朝の最期も見に行こう。
戦場で討死にですか？
いや、普通の死に方じゃないけど、まあ百聞は一見にしかずだ。
ザァ…
1160(平治2)年1月3日
尾張国《おわりのくに》　野間《のま》
長田忠致《おさだただむね》の館
ここは尾張の野間、現在は愛知県美浜町《みはまちょう》だ。

わっ、
蒸し暑！
源義朝
信西が殺されてから約二十日後の正月三日。浴衣の男が源義朝だよ。
何か印象が違いますね。
君が義朝※の顔を見たのは、緊張みなぎる戦場と処刑場という修羅場だったからね。
今は、清盛に敗れて、多くの兵を失い、命からがら逃げてきて、やっと落ち着いたところだ。
ここは腹心の嫁の実家だが、歓待されて「風呂を馳走」されている。
サウナみたいな、これがお風呂？

※義朝の顔：エピソード7参照。

厳密には、
水蒸気だけで温めているから
スチームバスだな。
これが昔の入浴方法だった。
現代と同じ入浴スタイルが定着したのは江戸時代からで「湯に入る」あるいは「入湯」と呼んで、※蒸し風呂とは区別していた。
いずれにせよ、手間のかかる最上級の接待だよ。敗戦と逃亡生活の疲れがようやく癒されるはずだった……
館の主　長田忠致
嫡子　景致《かげむね》
かかれ！

※蒸し風呂：蒸気を充満させて発汗を促し、汗と共に身体の汚れを、かけ湯で流す仕組み。

おのれ、裏切ったか！
我らは貴方様の家来ではございませぬ！天下の罪人を討つは当然！
こしゃくな！

御免！
おのれ～！ せめて我に木太刀の一振りなりともあれば…
父上、お見事！
首をあげておけ。それと国府に使いを出さねばならぬ。
承知！ 恩賞が楽しみですな。
ひょっとして「風呂を馳走」したのは丸腰にするためですか。
正解。何しろ豪勇無双の源義朝だ。太刀を持たれては、討ち取れたかどうか…

でも、やり方が汚いな〜
騙される方が悪いというのが当時の考え方。それに見逃されがちだが、清盛は貿易によって莫大な財を持っていたことも忘れちゃいけない。
全国手配も金がかかる。清盛に財力があったからこそ、義朝の息子達もすべて捕まえられた。
嫡男の義平《よしひら》は斬首されたが、弟達は命を助けられた。あれも見ておくか。
あの真ん中の少年…
打ちひしがれたというか…体の具合が悪そうですね。
あれが助命された義朝の遺児で、※最年長の源頼朝《よりとも》だよ。
え〜！ 源氏の御曹司《おんぞうし》なのに、全然イメージ違う。

※最年長：頼朝は当時十三歳。

そりゃ、父親は騙し討ちで殺され、兄もみな死んだ。家も財産も失い、所属した軍団も解体された。
そして彼は流罪人として、都を遠く離れ、伊豆国《いずのくに》に送致される。
父が死ぬ前までは、彼にも直属の家来がいたが、今は一人もいない。母親は、少し前に死別している。
どん底ですね。希望を失うのも無理ないか。
彼自身は、人生、終わったと思っただろうね。
確かに。
でも、知っての通り二十年後はそうじゃない。まったく逆だ。
生きていればチャンスはある、ですね。
そう。これが頼朝の逆転人生のスタート。日本史上最大の逆転劇の幕開けだ。

エピソード9
「打倒、平清盛」で挙兵!
源頼朝「史上最大」の逆転人生
質問があります。
ん？何かな？
源頼朝が都から伊豆へ流罪になったことを「輝ける逆転人生のスタート」と仰ってましたよね。でも実際のスタートはもっと後じゃないんですか？
それは、頼朝の挙兵のこと？
そうです。

実際には、流罪から挙兵まで二十年もガマンの時期が続くんですよね。
ははっ、ガマンは良かったな。
確かに、二十年近く続いた。それでも、あの流罪が鎌倉幕府創立の第一歩だった。
どうしてですか？
それを理解するには、平家打倒の挙兵に至る道筋を辿ってみる必要があるようだね。
スッ
じゃ、行ってみようか。
はい。
1178(治承《じしょう》2)年　秋
京　平清盛館
前 太政大臣
平清盛

心より御礼を申し上げまする。
お力添えにより、公卿《くぎょう》となれ申した。
従三位《じゅさんみ》　源頼政《よりまさ》
この頼政いや源氏一党、この先も忠誠を誓い奉りまする。
まずはめでたい。祝いの酒をとらそうぞ。
トク
トク
トク
ングング
見事、見事。さすがは源氏の棟梁じゃ。

あの平清盛の前で平伏していたのは誰ですか？
没落した源氏※の中で唯一中央政界に生き残った源頼政だ。
清盛はなぜ彼を許したんですか？
勘違いしちゃいけない。保元・平治の乱は、源氏VS平家ではなく、朝廷内の主導権争いだ。だから清盛に最後まで味方した源氏もいたんだよ。
なるほど。しかし清盛も老けましたね。
もう六十歳になるからね。
出家はしているけど、元太政大臣だ。武家出身の太政大臣は史上初。しかも彼の娘、徳子《とくこ》は高倉《たかくら》天皇の皇后で、もうすぐ男子を産む。
その後、清盛は高倉天皇を退位させ、おむつの取れない皇太子を即位させた。安徳《あんとく》天皇だ。
つまり清盛は天皇の外祖父、藤原氏と同じ手口ですね。

※源氏：賜姓皇族の源氏のうち、武士団を形成した代表格が清和源氏。その後裔に、摂津源氏（頼政）、大和源氏、河内源氏（頼朝）などがある。

その通り。
宮中の高位高官も平家が独占した。さらに日本国六十余州に派遣される国司の半分も、平家一門か、その息のかかった連中だ。
さしもの藤原氏も平家の勢いに圧倒され、その鼻息をうかがっていた。
まさに「平家にあらずんば人にあらず」ですね。
そのセリフは清盛ではなく、取り巻きのお調子者平時忠《ときただ》が言った言葉が原典だが、事実だね。
しかも平家は、日宋《にっそう》貿易で巨額の富を蓄え、強力な軍団も持っている。不思議だろ、流罪人の頼朝がこんな盤石な政権を倒したなんて。
確かに。年表には簡単に書いてあるけど、そんな単純じゃないですよね。むしろ奇跡。一体どうやったんです？
手品のタネとしては、まずはあの源頼政だな。
でも、この先も忠誠を尽くすって…
そういう人間こそ、腹に一物《いちもつ》あるものだ。少し先の時代に行くよ。

※法住寺殿：後白河法皇の院御所。

1179(治承3)年　京
※法住寺殿《ほうじゅうじどの》
ドガッ
ドカッ
無礼者！
後白河法皇
お静かに！
清盛様の御命令で
鳥羽殿《とばどの》へ御動座
願います。
たわけ者！
身《み》はこの国の主《あるじ》ぞ。
清盛ごときの
指図に従うわけが
なかろう！
お聞き届けなくば、
力ずくにても
お連れ申せとの
命にございまする。
……

あ〜あ、院政の主も形なしですね。
覚えているかな。
後に頼朝は後白河法皇を日本第一の大天狗と呼ぶが、この段階ではまだその力はない。
天狗ですか…
そう、海千山千の食えない男って意味だ。
この時、清盛には、娘婿の高倉上皇とその息子の安徳天皇という切り札があった。だから、院政を行なう後白河法皇は邪魔者でしかない。
だから排除した。とは言え、殺すわけにもいかない。
後の鎌倉幕府なら、地方に流罪だけど、まだ武士もそこまでの力はない。郊外の屋敷に幽閉した。
つまり、大天狗は復活の余地を残したということだ。
でも、これで清盛の権力はますます強化されたんですよね。

その通りだけど、ここまでやると、平家に反感を持つ人間も出てくる。彼らをうまく焚きつければ反乱を起こすこともできる。
もう少し先に行こう。
1180(治承4)年　京
以仁王《もちひとおう》の館
……
以仁王
……
下座にいるのは源頼政？変わってないですね。
清盛の前で平伏していたのが治承2年。法皇が幽閉されたのが治承3年、この時は治承4年だ。

上座にいるのは誰ですか？
後白河法皇の三男、以仁王だ。ポイントが分かるかな。
天皇の息子だ。孫じゃない。
ん？ 天皇の息子なら親王※になるはずですよね。なぜ「王」なんですか？
おむつも取れない天皇を実現するには、年長の男子は邪魔。だから彼は平家の妨害で、天皇どころか親王にもなれなかった。
しかも父は幽閉された。君が、その立場ならどう思う？
頭に来ますね。
でも、平家の強大な権力が相手じゃ…
そう。普通なら逆らうことなど考えられない。だが、憎しみは人を破天荒な行動に踏み切らせる。
以仁王は決断した。

※親王：天皇の息子でも親王宣下を受けなければ正式な親王になれない。

分かった。これでよい。これを諸国の源氏に配るがよい。
ははっ、有難きお言葉。必ずお伝えいたします。
だが本当に平家を倒せるのか？
お任せあれ。
必ずや諸国の源氏の力を糾合し、平家を倒してごらんに入れまする。
令旨《りょうじ》を伝える者は信用できるのじゃな？
はい。※源為朝《ためとも》が弟、新《しん》宮《ぐう》十《じゅう》郎《ろう》行《ゆき》家《いえ》と申す者が命に代えましても。
為朝が弟とな。それは頼もしい。

※源為朝：エピソード7に登場。保元の乱で奮戦するも敗れ、伊豆大島に流罪となった。

以仁王が見ていた書状が、令旨だ。本来、皇太子でなければ令旨は出せない。
だが昔からそう伝わっている。頼政が令旨と呼ばせたんだろ。
平家を倒したら、あなたが天皇ですよってことか。
分かってるね。源頼政という男は相当な策士だ。
これで諸国の源氏が、平家打倒に立ち上がる大義名分ができた。
いよいよですね。
ところが物事は、そう簡単に進まない。
結果、頼政がどうなったか見に行くよ。
1180(治承4)年5月26日
宇治《うじ》　平等院《びょうどういん》鳳凰堂《ほうおうどう》前

源頼政
源仲《なか》綱《つな》
頼政の嫡男
父上！
宮はどうなされた？
何とか落ち延びられました。
そうか。せめてものこと。わしはここで腹を切る。介錯《かいしゃく》を頼む。
無念でござる。
今少し時あらば…どうにかなったかもしれぬが、これも定めじゃ。

反乱は失敗したんですね。
密告で計画が漏れ、態勢が整わないうちに挙兵した。頼政の兵力だけでは太刀打ちできなかった。
以仁王は無事脱出したんですか？
この場は逃げ延びた。記録では、この後「流れ矢に当たって死んだ」となっている。
公式発表は事故死だが、狙い撃ちで射殺されたんだろう。
それじゃ、諸国の源氏も立ち上がれませんね。
ところが、この敗戦で源氏は立ち上がった。
弔《とむら》い合戦ってことですか？
それも違う。そこが歴史の面白いところだ。
頼朝の様子を見に行こう。なぜ源氏が立ち上がったかが分かる。

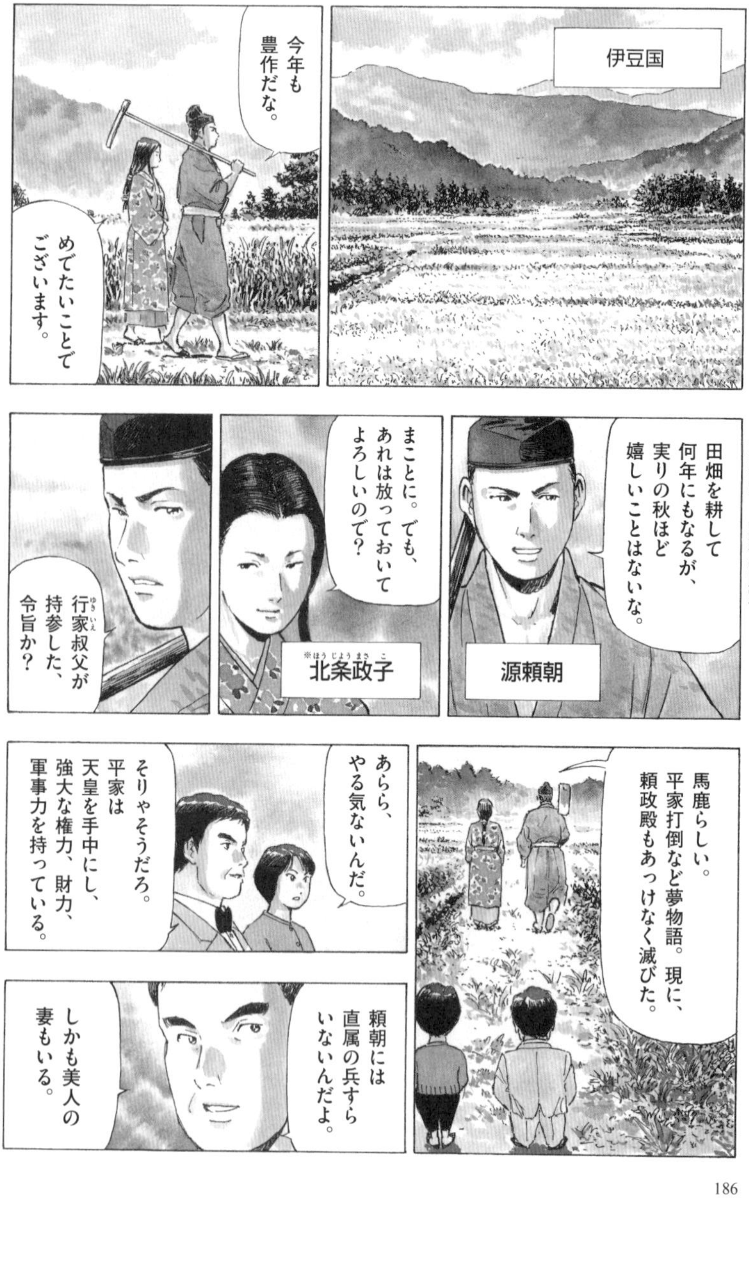
伊豆国
今年も豊作だな。
めでたいことでございます。
田畑を耕して何年にもなるが、実りの秋ほど嬉しいことはないな。
源頼朝
まことに。でも、あれは放っておいてよろしいので？
※北条政子《ほうじょうまさこ》
行家《ゆきいえ》叔父が持参した、令旨か？
馬鹿らしい。平家打倒など夢物語。現に、頼政殿もあっけなく滅びた。
あらら、やる気ないんだ。
そりゃそうだろ。平家は天皇を手中にし、強大な権力、財力、軍事力を持っている。
頼朝には直属の兵すらいないんだよ。
しかも美人の妻もいる。

※北条政子：頼朝の正室。

あれが北条政子ですか？
そう。
しかし頼朝も、今の暮らしを与えてくれた人物の恩に報いているとは言いがたいね。
どういうことですか？
以前、保元の乱の敗者、源為朝は伊豆大島に流された。だから、平治《へいじ》の乱の敗者、頼朝の伊豆国流罪は順当なこと。
だが流罪先は蛭《ひる》ヶ《が》小島《こじま》。伊豆は伊豆でも、絶海の孤島の伊豆七島ではなく、風光明媚で温泉もある伊豆長岡の近く。
つまり頼朝を優遇した人間がいたってこと。それが可能なのは、誰だと思う？
ん～、中央権力に属してなきゃ無理ですよね。伊豆国を掌握している、としたら国司とか？
すばらしい推理だ。
平治の乱が終わった時点で、国司伊豆守だったのは、他ならぬ頼政だよ。
将来を考え、ここを流罪地に決めた。清盛には「伊豆国の蛭ヶ小島に流しました」と報告した。

※新宮：現在の和歌山県新宮市。
詳しい地図なんかないから、為朝同様、絶海の孤島に流されたと清盛は思い込んだんだろう。
その時から頼政は未来を見据えていたんですね。
紀伊国新宮※に隠れていた源行家のことも、頼政は陰ながら庇護していたんじゃないかな。
でなければ緊急に呼び出すことも難しいし、行家も危険な任務を引き受けたりはしないよ。
頼政って相当な人物なんですね。
頼朝にその気はないみたいですけど。
でも、それなのに…
どうして頼朝は挙兵したんだろ？
その事情なら、もうすぐ分かるよ。
ほら、北条からの使いだ。

政子の父、北条時政《ときまさ》に国府から緊急の知らせが届いて、頼朝を呼びに来たんだ。
時政の館に先回りしよう。
北条館
北条時政（政子の父）
舅《しゅうと》殿、火急の要件とは何事でござるか。

先ほど、国府より使者が参った。清盛入道直々の命令で…
源氏一族を根絶やしにせよとのことでござる。
……
おそらくは信を置いていた源頼政殿に裏切られ、頭に血が上ってのことでござろう。
これがその書状にござる。
……して、舅殿はいかがなされる？
この首をご所望か？
正直、それも考え申した。
婿殿の首を差し出せば、恩賞ばかりか、我が北条一族も安泰でござろう。
されど娘も可愛い。婿殿がお望みなら、共々出奔《しゅっぽん》されるがよろしかろう。跡は追い申さぬ。

だが…まずは婿殿が
どうなされたいか、
それを伺いとうござる。
……
何処へ逃がれようと、
いずれ追っ手は
かかりましょう。
この際、
兵を挙げて
平家を討とう
と存ずるが…
いかが!?
ご決断、
承った!
婿殿、
いや改めて※佐殿《すけどの》。
頼政殿亡き今、佐殿は
源氏の棟梁たる身。我ら北条、
一族あげてお味方申し上げる!

※佐殿:頼朝の官職名「右兵衛権佐」から。頼朝の通称。

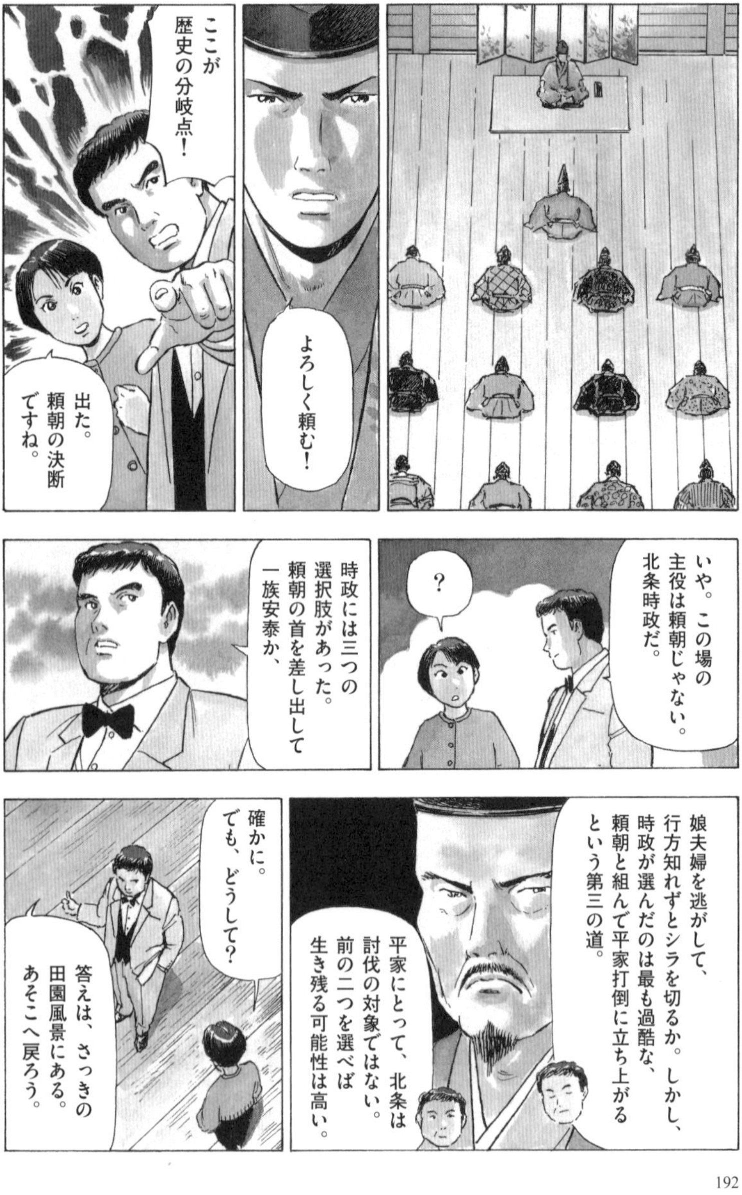
よろしく頼む!
ここが
歴史の分岐点!
出た。
頼朝の決断
ですね。
いや。この場の
主役は頼朝じゃない。
北条時政だ。
?
時政には三つの
選択肢があった。
頼朝の首を差し出して
一族安泰か、
娘夫婦を逃がして、
行方知れずとシラを切るか。しかし、
時政が選んだのは最も過酷な、
頼朝と組んで平家打倒に立ち上がる
という第三の道。
平家にとって、北条は
討伐の対象ではない。
前の二つを選べば
生き残る可能性は高い。
確かに。
でも、どうして?
答えは、さっきの
田園風景にある。
あそこへ戻ろう。

汗水流して開墾した田畑が豊かな実りをもたらす。この喜びは極めて大きい。
だが武士達には、大きな不満があった。
いくら開墾しても、その土地は自分達のものにはならない。
逆に貴族や寺社は、人を雇い開墾させ、その田畑は自分のもの。年貢を納める必要もない。
墾田永世私財法というのは、武士階級には適用されないんですね。
だが武士は、この日本で最も強大な武力と田畑がもたらす財力の持ち主だ。
誰かが「俺について来い。武士も、開墾した田畑を自分のものにできるようにしてやる」と公約を掲げたらどうなる？
それをやったのが頼朝なんですね。
だから世の中、ひっくり返ったんだ。

そう。それが、頼朝が流罪人の身でありながら強大な平家を打ち倒せた理由だ。
武士が「土地を自分のものにしたい」と熱望していたことに、平家は気づかなかったが、頼朝は気がついた。
どうしてだと思う?
!
伊豆に流されたからですね! 武士達の姿を見ていたから気づいたんだ。
伊豆流罪が輝ける人生のスタートって、そういう意味だったんだ。
頼朝を伊豆に流したのは他ならぬ平家。まさに滅亡の原因を自分で作ってしまった。
歴史って面白いだろ。
はい。

エピソード10

東国武士の独立を目指す「源平の戦い」の真実

皆の者～！
頼朝殿が平家追討の兵を挙げられたぞ！
ドドドッ
おお～
頼朝殿は、田畑は耕した者に与える、誰にも手出しさせぬと仰せられておる！

おぬし達はどちらに与《くみ》する？平家か!?
何の、我は頼朝殿じゃ。
わしもじゃ。
平家は大軍だぞ、勝てるのか？
知っておるか？平家の武者どもは、ろくに馬にも乗れぬらしいぞ！
我らに勝てようはずがないわ！
殿は頼朝殿に味方なされませぬのか？
梶原景時《かじわらかげとき》
奴の話が本当なら味方もしようが、人づての話はあてにならん。
源頼朝のマニフェスト宣言ですね。
東国《とうごく》独立は平将門《たいらのまさかど》以来の悲願だからね。当然、耕した田畑は自分達のものと思っている。
そうでした。

頼朝が、流罪人の状況から平家を倒せたのは、東国武士の切なる願望に気づいたからでしたね。
そう。この時代の武士の日常は、農村経営だ。開墾した土地は、正式に自分のものにしたい。
だが平安末期、武士には、それが許されていなかった。その不公平に、武士は立ち上がったんだ。
武士は、武器で人生を切り開いてきた。正規の軍もない朝廷に負けるわけがない、と思っただろうね。
ただし、頼朝はすんなりと天下を取れたわけじゃない。
なぜですか？頼朝のマニフェストは武士達の圧倒的な支持を得たんでしょう。
最終的にはね。
初めは苦戦を強いられた。まずは、伊豆代官の山《やま》木《き》兼《かね》隆《たか》を討ち、源氏の旗の下に兵を集めるという計画だった。

奇襲には成功したが、その後がいけない。
激怒した平家が三千騎を差し向け、頼朝軍は狭撃された。
頼朝の兵力は？
やっと三百騎。
十分の一じゃ勝てないでしょ。
もちろん負けたが、挟み撃ちにもかかわらず、頼朝は逃げおおせた。
どうやって？
それを見に行こう。場所は小田原《おだわら》の南だ。
1180(治承《じしょう》4年)8月
相模国《さがみのくに》　石橋山《いしばしやま》

大敗を喫し、戦場を脱した頼朝だが、敵に発見されそうになっている。
絶体絶命のピンチだ。
源頼朝
ここも怪しいな。
松明《たいまつ》を貸せ、わしが見てくる。ここで待て。
梶原景時

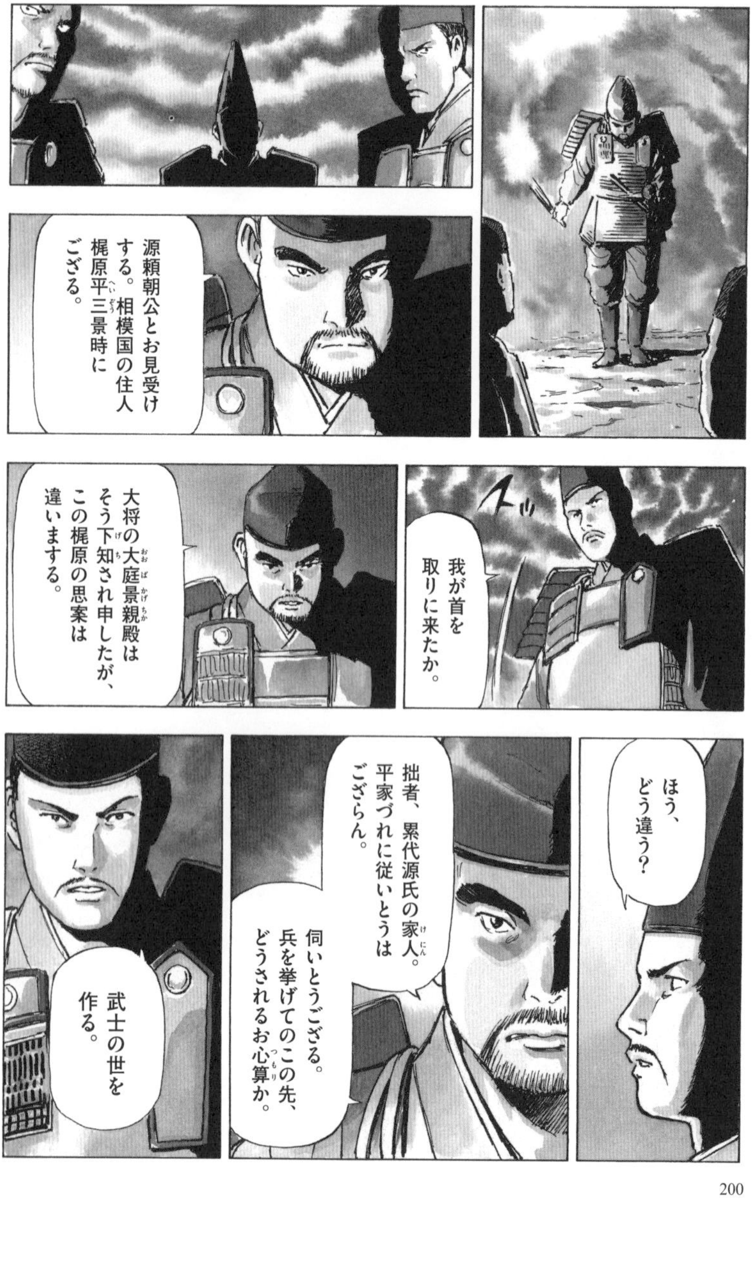
源頼朝公とお見受けする。相模国の住人梶原平三《へいぞう》景時にござる。
我が首を取りに来たか。
大将の大庭《おおば》景親《かげちか》殿はそう下知《げち》され申したが、この梶原の思案は違いまする。
ほう、どう違う？
拙者、累代源氏の家人《けにん》。平家づれに従いとうはござらん。
伺いとうござる。兵を挙げてのこの先、どうされるお心算《つもり》か。
武士の世を作る。

武士の世とは、いかなる世でござるか。
汗水たらして耕した田畑は我らのもの。都の連中に口は出させぬ。
そのような世が、まことに作れましょうや。
わしは作る。だが、ここで首を取られては叶わぬ夢じゃ。
……承知いたしした。
ここには誰もおらぬと触れ回りましょう。様子を見てお逃げあれ。
蝙《こう》蝠《もり》しかおらぬ。方角違いじゃ、あちらを探すぞ。
あの梶原景時は、後に頼朝第一の側近となり、幕府創立のために大いに働くことになる。

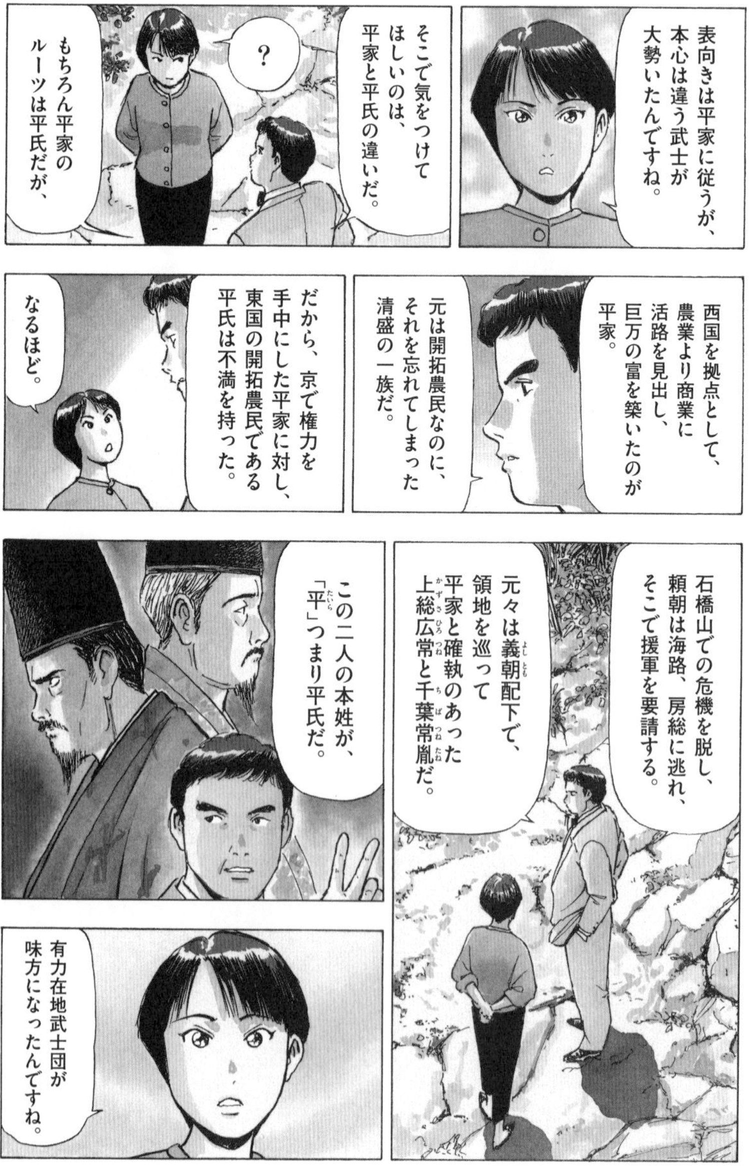

表向きは平家に従うが、本心は違う武士が大勢いたんですね。
そこで気をつけてほしいのは、平家と平氏の違いだ。
？
もちろん平家のルーツは平氏だが、
西国を拠点として、農業より商業に活路を見出し、巨万の富を築いたのが平家。
元は開拓農民なのに、それを忘れてしまった清盛の一族だ。
だから、京で権力を手中にした平家に対し、東国の開拓農民である平氏は不満を持った。
なるほど。
石橋山での危機を脱し、頼朝は海路、房総に逃れ、そこで援軍を要請する。
元々は義朝《よしとも》配下で、領地を巡って平家と確執のあった上総《かずさ》広常《ひろつね》と千葉《ちば》常胤《つねたね》だ。
この二人の本姓が、「平《たいら》」つまり平氏だ。
有力在地武士団が味方になったんですね。

つまり、これから鎌倉幕府成立まで続く戦いは、単なる源平の戦いではない。
貴族化し、商業、特に日宋《にっそう》貿易を収入源とした平家と、東国の半農武士の源氏や平氏との戦いなんだよ。
そういう捉え方をしないと、この時代の歴史は分からないんですね。
その通り。今度は平家の実態を見に行こう。
1180(治承4)年6月
摂津国《せっつのくに》　※福原京《ふくはらきょう》
石橋山の戦いの二か月ほど前、ここは福原、現在の神戸だ。
平清盛は、福原を大型宋船が入港できるようにした。
ここを拠点に、宋との貿易を大きく発展させようと考えていた。

※福原京：平清盛の主導で造営された都。

若い娘婿の高倉《たかくら》天皇を引退させて上皇とし、
高倉上皇
娘徳子《とくこ》の産んだ二歳にもならない男児を天皇にした。安徳《あんとく》天皇だ。
※中宮平徳子
安徳天皇
さらに清盛は、上皇に強要し、都を福原に移した。
だから上皇は機嫌よくないんだ。顔色も悪いし。
平清盛
上皇は翌年1月この世を去る。
えっ、殺されちゃうんですか？
病死だよ。上皇は平家の切り札だ。亡くなった途端、後白河法皇が復権する。

※中宮：皇后以外で、皇后に準じる后。複数の后妃を送り込みたい藤原氏が作った地位。

後白河は清盛に幽閉されて恨み骨髄。平家にとって最悪の事態だ。
しかも上皇の死のふた月後、大黒柱の清盛まで病で亡くなってしまう。
超最悪ですね。
平家は政権を握るまでは、幸運続きだったが、その後すべてが裏目に出る。
遷都後、源氏の挙兵が相次ぎ、半年ほどで平家は京へ戻ることになる。
清盛の後継者は？
優秀な長男重盛《しげもり》も次男基盛《もともり》も、清盛より先に病死している。残ったのは優柔不断な三男の宗盛《むねもり》。
海千山千の後白河に、太刀打ちできるわけがない。
それでも合戦に勝てばいいが、平家の敵は頼朝だけじゃなかった。
次はそれを見に行こう。

1183(寿永《じゅえい》2)年5月11日
越中加賀《えっちゅうかが》の国境　倶利伽羅《くりから》峠
うおおお
わああ
ドドド
一方的ですね。惨敗ですか？

そう。『吾《あ》妻《づま》鏡《かがみ》』では、平家は十万余騎とある。誇張だろうが、平家最大限の兵力だ。
ところが富山と石川の県境にある倶利伽羅峠で、野営中に奇襲され、平家は陸上戦力をほとんど失った。
勝ったのは……
源氏だけど頼朝軍じゃない…源氏の本陣に行ってみよう。
宮様、お喜びくだされ。
源義《よし》仲《なか》
平家の者ども、ほとんど討ち取り申した。
何とめでたいこと。亡き父もお喜びであろう。
※北《ほく》陸《りく》宮《のみや》

※北陸宮：通称。本名不明。以仁王の第一王子。以仁王が宇治の戦いで敗死後、北陸へ逃れていた。

あの人達は？
鎧武者は源義仲。木曽《きそ》義仲という名の方が有名かな。諸国の源氏の一人で、頼朝の従兄弟《いとこ》だ。
義仲は、以仁王《もちひとおう》の令旨《りょうじ》を受け、頼朝にひと月遅れて挙兵し、北陸に勢力を広げていた。
宮様は、以仁王の遺児で北陸宮と呼ばれている。地方に隠れていたのを義仲が保護していた。
これで上洛の兵を進められるのう。
仰せの通り。これだけ兵を失えば、平家に、京を守る力はござらん。
平家は、元々水軍が主力とはいえ、膨大な財力と権威で陸軍も保持していた。
しかし、この敗戦で陸上兵力は壊滅。義仲に京を明け渡した。
頼朝は、先を越されたんですね。それにしても平家は弱いですね。
確かに陸上戦では、野山を駆け回る半農武士の軍には勝てないかもしれない。

だが、山野での夜襲を平家は警戒していなかった。この時代、都でならともかく戦争は夜が明けてからだ。
サーチライトも照明弾もないからね。
眠りこけていたのもそのせいですか？
そういうこと。
でも海上なら平家は強い。彼らのホームだからね。その戦いも見ておこう。
はい。
1183(寿永2)年　閏《うるう》10月1日
備中国《びっちゅうのくに》　※水島《みずしま》
倶利伽羅峠の敗戦から半年。京を守り切れないと考えた平家は、平宗盛をリーダーに安徳天皇を奉じて讃岐屋島を拠点としていた。

※水島：現在の岡山県水島。

義仲軍は、平家を追って四国に渡海する直前、ここ水島で平家軍と激突した。
義仲軍の方が、勢いがありますよね。
もうすぐ源氏が負けるよ。
え?
あ、金環蝕!
うわあぁ
暦を知っていれば、日蝕も自然現象。恐れることはない。だが木曽の山猿は、そんなことは知らない。
だから慌てふためいたんですね。
それに、ここは瀬戸内。平家のホームで海の戦いだ。

山間部出身の義仲軍は、アウェーで散々にやられ、
ビッシィィ！
多くの有力武将が討ち取られた。
この時代の気持ちで考えてみよう。源氏は山で強く、平家は海で強い。
もちろん山猿で在地農民の源氏も平氏も、水軍はおろか軍船も持っていない。
普通なら、この先の展開は、どうなると考える？
東日本は源氏と平氏、西日本は平家の拮抗した状態になるってことですか？
その通り。それが一般的な見方だ。

そう考えれば、この先、頼朝があっという間に平家を滅ぼしたのは、極めて不思議だ。
でも、君は知ってるはず。山猿なのに、平家軍を叩きのめした源氏のヒーローがいた。
あの人ですね。
そう。頼朝と彼の出会いを見に行こう。
1180年(治承4)10月 駿河国《するがのくに》 黄瀬川《きせがわ》
源義経《よしつね》
おお、※九郎《くろう》か。

※九郎：源九郎義経。九郎は九男の意。義経は少年期に都を脱出、奥州平泉の藤原氏に身を寄せていた。

兄上、お会いしとうございました。
グッ
よくぞ参った。はるばる奥州《おうしゅう》からのう。
昨日の、お味方の大勝利おめでとうございます。
そなたも来てくれて、めでたい限りじゃ。これからは兄弟力を合わせ、新しき世を築こうぞ。
はい！
感激の対面ですね。
この時はね。
昨日の大勝利って？
※富士川《ふじがわ》の戦いだよ。
房総で息を吹き返した頼朝は、ここ駿河で平家の討伐軍と対峙し、見事に勝った。

※富士川の戦い：１１８０（治承４）年、頼朝軍（甲斐源氏）と、平維盛の軍が富士川で対峙。平家軍は水鳥の羽音を敵の襲来と誤認して敗走した。

富士川の戦いと、その後の倶利伽羅峠の戦いと、源氏の勝利が続くが、水島の戦いでは平家が押し戻した。
ここで問題なのは…
どう平家の水軍に対処する…とかですか？
いや、頼朝の敵が平家だけじゃなくなったってこと。
もしかして、木曽義仲ですか？源氏の主導権争い？
そう、ボクシングにたとえれば、平家とのタイトルマッチ前に、頼朝と義仲は挑戦者決定戦を行なわねばならなくなった。
そして、その戦いから源義経が活躍する。
ついに軍事の天才登場ですね。

エピソード11
「軍事の天才」源義経はなぜ「悲劇のヒーロー」となったか

何の地図ですか?
富士川の戦い以降の源平合戦図だ。
壇ノ浦の戦 1185 3/24
壇ノ浦
水島の戦 1183 10/1
水島
倶利加羅峠の戦 1183 5/11
倶利加羅峠
屋島
屋島の戦 1185 2/19
一ノ谷
一ノ谷の戦 1184 2/7
宇治川
宇治川の戦 1184 1/20
富士川
鎌倉
富士川の合戦 1180 10/20
源頼朝が弟の義経と出会った後の流れを見てみよう。
頼朝軍の富士川の戦いと、木曽義仲が倶利伽羅《くりから》峠で平家軍を撃破したのは見たよね。
大勝利でした。

この二つの戦いで、ほとんどの陸上兵力を失った平家軍は、京を守りきれないと判断して瀬戸内に移った。
そこには水軍つまり平家海軍がいる。
陸では半農武士の源氏軍が強く、海では商人平家軍が強いですからね。
そして富士川での勝利後、頼朝は鎌倉に戻り、そのまま関東の地盤固め、東国《とうごく》完全制圧に専念した。
それに対し義仲は、北陸での勝利後、一気に京に入り、後白河上皇から平家追討の院宣《いんぜん》を受けた。
ところが義仲率いる田舎山猿軍団は、極めて評判が悪く、後白河法皇との関係が悪化した。
なぜそんなに評判が悪いんですか？
飢饉※による深刻な食糧不足の中、食糧略奪や狼藉、安徳《あんとく》後の天皇継承問題に、
義仲が介入したことで、瞬く間に京の町衆や朝廷からの支持を失った。

※飢饉：1181年の養和の飢饉。源平争乱期に起きた西日本の大飢饉（1181〜2年）。『方丈記』に「飢ゑ死ぬるもののたぐひ、数も知らず」とある。

さらに義仲軍が水島《みずしま》の戦いで平家に敗れるに及んで、後白河法皇との対立は決定的となり、
義仲はついに※クーデターを断行、法皇を幽閉してしまった。
頼朝はどうしてるんですか？　いよいよ義経登場？
この時すでに、頼朝は後白河と接近、義経と範頼《※のりより》の軍を京の入り口、宇治《※うじ》と瀬田《※せた》まで進めていた。
何か、用意周到な感じがしますね。
それだけ、頼朝は情報収集に長《た》けていたし、後白河のSOSに頼朝が乗った。
源氏同士の平家討伐挑戦者決定戦ですね。
そう。義仲軍は、情勢悪化で脱落者が続出する中、義経の大軍と宇治川で激突した。

※クーデター：法住寺合戦。義仲が政権を掌握した。

※範頼：頼朝の異母弟、義経の異母兄。

※宇治：京都南部。義経軍が布陣。

※瀬田：琵琶湖南端。範頼軍が布陣。

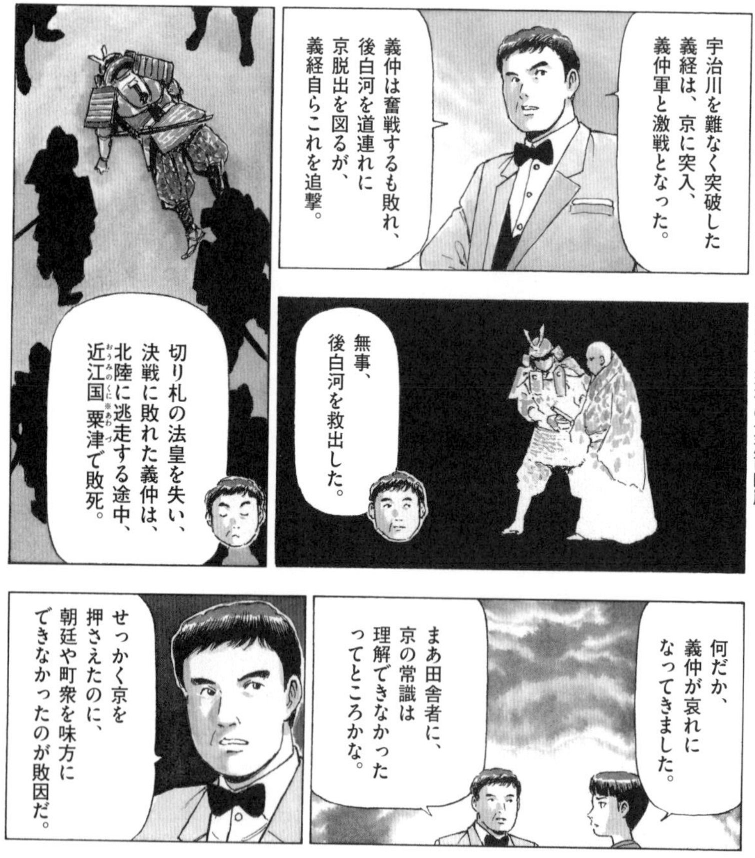
宇治川を難なく突破した義経は、京に突入、義仲軍と激戦となった。
義仲は奮戦するも敗れ、後白河を道連れに京脱出を図るが、義経自らこれを追撃。
無事、後白河を救出した。
切り札の法皇を失い、決戦に敗れた義仲は、北陸に逃走する途中、近江国《おうみのくに》※粟津《あわづ》で敗死。
何だか、義仲が哀れになってきました。
まあ田舎者に、京の常識は理解できなかったってところかな。
せっかく京を押さえたのに、朝廷や町衆を味方にできなかったのが敗因だ。
当時は京の世論が日本の世論だからね。
その世論は当初…天下の情勢は、東が源氏、西に平家、東北は奥州《おうしゅう》藤《ふじ》原《わら》と、三つ巴《どもえ》の時代になると思っていた。
奥州藤原
源氏
平家
ところが…

※粟津：現在の大津市晴嵐。

その状況を軍事の天才義経が変えたんですね！
その通り。
では実際にどうやったか、見に行こう。
まずはここだ。
1184(寿永《じゅえい》3)年2月7日
摂津国《せっつのくに》　福原《ふくはら》　一《いち》ノ谷《たに》

陣幕の側に見える白木の建物が、幼い安徳天皇がいる仮御所だ。
ここを攻めるのは大変そうですね。
そうだね。源氏の総大将は源範頼。副将が義経。
源氏には水軍がないから、砂浜づたいに攻め寄せるしか手がない。
源氏がやられちゃってますよ。
この不利な状況ではどうしようもない。平家の士気が上がるばかりだ。
でも、この状況が崩される?

そう。平家の布陣は、
前方と側面の
守りは完璧だが、
背後は全く無防備。
平家側には、
背後の山側から
攻め込まれる発想が
なかった。
仮に山づたいに
攻めてきたとしても、
少数の歩兵だろう
と甘く見た。
だが馬に乗って
攻めてきたら、
どうなるか。
身を軽くせよ。
目指すは帝の御座所。
※玉体《ぎょくたい》を安《やす》んじ、
神器《じんぎ》奪還が
我らの使命！
進め！
源義経
どどっ

※玉体を安んじる：「安徳天皇を保護する」の意。実際には「天皇を奪還せよ」との命令。

わーーっ！
きゃーーっ！
お逃げくだされ！
早く海へ！
御座船に！
鉄壁の守りが
総崩れですね。
義経の指揮する兵は、
たった七十騎だが、
平家軍は予想外の方角から
急所を攻められ狼狽《ろうばい》した。
しかも、この時点で
後白河法皇は、平家を
賊軍として追討令を
頼朝に出していた。
源氏と平家を
争わせて消耗させる
ためですかね。
分かって
きたね。
ただ平家が有利な点は、
現役の天皇と共に
※三種の神器を
保持していることだ。

※三種の神器：皇位の象徴とされる八咫鏡(やたのかがみ)、草薙剣(くさなぎのつるぎ)、八尺瓊勾玉(やさかにのまがたま)のこと。

もし後白河が
病死でもすれば、
平家側が官軍になる。
そうか。
だから義経は、天皇と
神器を手に入れよう
としたんですね。
そういうこと。
ただし、命令したのは
頼朝だけどね。
特に神器を入手すれば、
朝廷との絶好の
交渉材料になる。
何の交渉か分かる？
武士の権利を朝廷に
認めさせる。具体的には、
武士の土地保有権獲得
ですね。
それさえ分かって
いれば、この時代の
ことはすべて分かる。
じゃ、
次に行こう。

次は屋島《やしま》でしたね。
当時の屋島は、四方を海に囲まれた島で、水軍を持たない源氏には攻め込めないと平家側は考えていた。
本州から海を渡るだけでも大ごと。だから完全に油断した。
義経はまたしても奇襲したんですね。
そう。危険を省みず、船頭を脅して嵐の中を渡海し、干潮時には馬で対岸に渡れるという屋島の弱点を突いた。
結局は一ノ谷と同じで、平家の大惨敗。こうなれば世論の流れは大きく変わる。
さあ、いよいよ最終ステージだ。

古代暗闘編　エピソード11

1185(元暦2)年3月24日
長門国《ながとのくに》　壇《だん》ノ浦《うら》
(下関市　関門海峡)
源氏の陣営に少し大きな船が加わっているだろ。
あの紋所は河野《こうの》と熊野《くまの》の水軍だ。彼らは、もともと中立だったんだが…
度重なる敗戦の平家を見限り、源氏に味方したんですね。
そう、これで平家の勝利はなくなった。
その最後を見届けよう、嫌なシーンだけどね。

波の下にも都はございます。
これからそちらに参りましょう。
そこは美しいところか？
たとえようもないほどに。
※二位尼《にいのあま》
シャン
早《はよ》う、海へ捨てよ！
よろしいので？

※二位尼：平清盛の妻。

あれは三種の神器？
ぐずぐずするな、捨てよ！
源氏に渡してたまるか、ってとこだね。
もっとも箱には空気が入っているから、重い剣《つるぎ》以外、すぐには沈まない。
一緒に入水《じゅすい》した※平《たいらの》徳《とく》子《こ》や女官《にょかん》達も衣服の間に空気が入っている。ただ二位尼は薄い僧衣だから、あっという間に沈んだ。
つまり安徳天皇と神器の剣、そして二位尼は海の藻屑と消えた。
他の者は助けられた。総大将の宗盛《むねもり》も、ね。
え、宗盛も？

※平徳子：平清盛の次女。高倉天皇の中宮で、安徳天皇の母。建礼門院とも。

この当時、平家軍の将兵は、特殊技能である水泳ができた。
確実に死ぬつもりなら鎧を脱いじゃダメだね。
身軽になって、つい泳いでしまったところを源氏に捕らえられた。
安徳天皇は死んだのに、間抜けな話ですね。
負けるべくして負けたということだね。
ところでこの戦い、
義経は敵軍を完全撃破して大将まで捕虜にした。君なら義経に何点つける？
百点満点。完勝ですよ。
ところが頼朝の評価は違う。0点とは言わないが、大失敗だ。
？

古今、稀に見る
大勝利ではないか。
何が不足なのだ。
帝をお救いできなかった
ことも不足。何より、
神器の剣《つるぎ》を海に
沈めてしまったこと。
取り返しのつかぬ
しくじりでござる。
軍目付《いくさめつけ》 梶原景時
何を申す。たかが
剣一振《ひとふ》りであろう。
あれはただの
剣ではござらぬ。
恐れ多くも帝の証となる
尊き宝。それを残らず
手に入れよとの、
鎌倉殿の御下知《ごげち》にござる。
それを、
勝つことにかまけ、
お忘れになった。
武士は戦うのが本分。
平家を逃しては
一大事ぞ。
平家など、神器さえ奪って
しまえば、何処へ逃れようと、
ただの負け犬。
兵船を集め
御座船を取り包み、
何としても神器を
手に入れるべきでござった。

このしくじり、この梶原がきっと鎌倉殿に言上《ごんじょう》致す。
またしても讒言《ざんげん》か。貴公はそれが生き甲斐のようじゃな。
仲悪いんですね、あの二人。
ム
ことごとく意見が対立したらしいが、この件は梶原の言い分が正しい。大事なのは目的だ。
戦争の目的？
戦争は何のためにやる？
平家討伐より、後白河との取引材料になる三種の神器入手が、最大の戦争目的だ。
そうか。

※讒言：告げ口のこと。

その通り。
だから宗盛は神器を海に沈めようとした。沈めてしまえば、この戦いは平家の勝ち。
試合に負けても、勝負には勝つってことですね。
義経にはその重要性が分からなかった。
彼は根っからの武将。根本的に戦いに勝てばいいと思っている。政治的センスはゼロ。それが彼の悲劇に繋がる。
次はその悲劇を見に行こう。
これが悲劇？大人気じゃないですか。

院の御所
この人気を利用した大天狗がいたからだよ。
義経、待ちかねたぞ。
面《おもて》を上げよ。
後白河法皇
法皇様の御尊顔を拝し、義経、恐悦至極にございます。
挨拶はよい。近《ち》こう寄れ、近こう。
ははっ。

此度《こたび》の戦い、まことに見事。
そちは※開闢《かいびゃく》以来の名将じゃ。
誇りに思うぞ。
もったいなきお言葉。
勝ちはしましたが、
神器の剣を失ったこと、
深くお詫び申し上げまする。
よいよい。
たかだか剣一振り。
そなたの功名に、
いささかの傷もつかぬ。
法皇様！
あ〜、
完全に丸め込まれましたね。
分かったかな？
ん？
義経は、庭ではなく廊下から現れた。
つまり昇殿を許された
※殿上人《てんじょうびと》だということ。
その官位※は誰が与えた？

※開闢以来：史上初めて、という意味。

※殿上人：天皇や院の生活の場に昇殿を許された者（三位以上は原則全員、四位・五位の一部）。

※官位：官職と位階のこと。この当時の義経の官職は左衛門少尉・検非違使、位階は従五位下。

後白河法皇ですよね。
頼朝の目標は朝廷からの独立、武士政権樹立だ。だから頼朝は、御家人が朝廷から直接、官位をもらうことを厳禁していた。
もらえば朝廷の家臣だ。
朝廷という組織に取り込まれる。だが義経は、兄の狙いを理解せず、源氏である自分が、
朝廷から評価されることは、一門の栄誉と思った。
法皇はなぜ義経をベタ褒めするのか。
…頼朝と対立させて、関東独立を潰すため?
そう、これで義経が悲劇のヒーローになることが決定した。

エピソード12「源頼朝vs後白河法皇」鎌倉幕府成立までの暗闘
朝廷から官位をもらったらどうなるか、源義経は考えなかったんですかね。
それが没落の始まりだなんて。
戦術は天才でも、戦略を考えることには、向いてなかったんだろうね。
大天狗の後白河法皇からすれば、義経は一番扱いやすいタイプだよ。
でもこの後、大天狗も窮地に陥るけどね。
なぜですか?
朝廷の支配からの独立が、源頼朝の目的だ。それを潰すために、法皇は義経に官位を与えた。

頼朝は、勝手に官位をもらったことに激怒。怒りを解こうと鎌倉に戻ろうとした義経を京へ追い返した。
そこから兄弟の関係は拗《こじ》れに拗《こじ》れてしまった。
え、何があったんです？
頼朝は、謀反だと義経誅殺《ちゅうさつ》を命じた。
最悪！
義経は兄と雌雄を決する覚悟をし、法皇に頼朝討伐の院宣《いんぜん》を出せと迫った。
出したんですか？
しぶしぶね。出さなければ、自分はこの場で自害する、とまで言ったからね。
でも兄弟が争えば、武士の勢いは衰える。法皇の思うツボですよね。
その通り。
ここから義経の運が急降下する。
？

1185(文治《ぶんじ》元)年11月6日
摂津国　大物浦《だいもつのうら》
(兵庫県尼崎市)
どうしたんです、これ?
義経の軍が大嵐に遭遇してすべてを失ったところだ。
※静御前《しずかごぜん》
源義経
頼朝追討の院宣を手に入れたはいいが、京で義経に味方する勢力もなく、逆に敵対する者さえ出てきた。
頼朝は東国武士の統率者。いくら義経でも、簡単に対抗できる相手じゃない、と思われたんだろう。
さらに、頼朝が義経討伐に立ち上がると、法皇は、今度は義経追討の院宣を出した。
法皇、ひどすぎ。

※静御前:義経の愛妾。

窮地に陥った義経は、急ぎ九州に渡って態勢を立て直そうとした。
九州の武士達は、東国武士団代表の頼朝が、日本全体の武士のトップに立つことに反発があったから、義経歓迎ムードがあった。
それで、腹心三百騎と集めた軍資金を船に詰め込んで出帆したんだが、
ドドドド
大嵐にあって、こんなことに…
京に凱旋《がいせん》した時は、自信に満ち溢れていたのに。
凱旋は4月だから、およそ半年後だね。
たった半年で?
そう。この渡海が成功していたら、頼朝にとって相当厄介なことになっていただろうね。
殿、これからいかがすればよろしいのでしょう。
案ずるな。わしには奥州《おうしゅう》に頼もしい味方がいる。鎮守府《ちんじゅふ》将軍※藤原秀衡《ひでひら》殿だ。

※藤原秀衡：平泉に黄金文化を築いた奥州藤原氏の三代目。まだ牛若丸と呼ばれていた時代の義経を保護した。

これにおる忠信《ただのぶ》もかつては秀衡殿の家臣じゃ。
佐藤忠信
さよう、奥州には十万騎の武士《もののふ》が殿をお待ちしております。頼朝勢など一気に蹴散らすことができ申す。
確かにそうじゃ。
武蔵坊弁慶《むさしぼうべんけい》
それを聞いて安堵した。いや腹が減ってきましたわい。
どっ!
嵐の中の出帆といえば、屋島《やしま》の戦いの時も、見事に海を押し渡り平家に勝った。
それなのに自らの人生を切り開こうとした時には、人生最大の不運に見舞われた。
ジェットコースターみたいな人生ですね。平家との戦いではツキまくってたのに。
ひょっとしたら、そのツキは義経のものじゃないかもね。
義経のツキじゃないなら、誰のツキなんですか?

日本史上最大のツキ男だよ。
1185（文治元）年10月29日
相模国《さがみのくに》　鎌倉　※勝長寿院《しょうちょうじゅいん》
従二位《じゅにい》　源頼朝
日本一のツキ男って、頼朝ですか。
考えてごらん。彼の幸運はすごいよ。
十三歳で平家の捕虜になった時、敵の大将の息子は殺されるものなのに、命を助けられた。
流された先に北条《ほうじょう》一族という優秀な一族がいて、味方になった。妻政子《まさこ》もそこから得た。

※勝長寿院：頼朝が父義朝の菩提を弔うために新たに建立した寺。現在は廃寺。

そもそも伊豆に
流されたことで、頼朝は
武士達の切なる願望を
知ることができた。
開拓した土地は、
自分のもの、ですね。
さらに石橋山の挙兵では
敵に包囲されながら、
まんまと逃げのび、その後、
軍事の天才義経が馳せ参じてから、
木曽義仲も平家も倒すことができた。
ところが、その軍事の
天才が敵に回った。
普通なら、頼朝の方が
不運の始まりなのに…
戦わずして
義経軍が壊滅した。
まだある。
義経が最後に頼り、
彼を庇護した、東北の支配者、
奥州藤原氏の当主、
秀衡がほどなく病死。

さらに、後を継いだ泰衡《やすひら》は、鎌倉を恐れて義経を殺してしまった。
義経の軍事能力と奥州十万騎が結びついたら大きな脅威だったのに、難なく回避できた。
しかも秀衡の没後、統率力を欠いた奥州藤原氏も簡単に討伐できた。
すべて頼朝に都合のいいように世の中が動いてますね。
その強運の正体は何だと思う?
さあ、分かりませんけど。
見ててごらん。
父上。日頃、頼朝を守護いただき、御礼申し上げまする。

宿願の平家追討も叶いましたが、我ら武士の世を築くには、未だ邪魔者が多くおりまする。
何《なに》卒《とぞ》、何卒さらなるご加護を願い奉りまする。
頼朝の父義朝がどんな死を遂げたか、無残な最期を覚えてるだろ。
それが無残な死であればあるほど、怨念は強くなる。
義朝の怨霊パワーですか?
武士は殺し合うから、あまり怨霊を信じないが、頼朝の母は熱《あつ》田《た》神宮大宮司の娘だ。
現代人でも、ツキまくれば、何か霊的な存在が守護してくれていると思う。ましてや、平安時代だからね。
でも三種の神器の回収に失敗して、法皇との交渉材料にできなかったのは、ツイてなかったですよね。
確かにその一点に注目すれば、そう見える。だが頼朝の強運は、すぐに代わりがカバーしてくれる。
ほら、その手品のタネがやって来た。

ドス
ドス
やはりこちらでござったか。
出陣の支度、すべて整ってござる。
北条時政《ときまさ》
これは舅殿、ちょうどよい。実は頼みたいことがありましてな。
武門の棟梁が頼むなどと申されてはなりませぬ。御下知《ごげち》くだされば すむこと。
ちと外聞をはばかること、お耳を拝借したい。

承った。
必ずや成し遂げて
ごらんに入れ申す。
頼みましたぞ。
頼朝は
時政に何を
頼んだんです？
それを見に行こう。
時系列的には、
義経の船団全滅後の話で、
同じ年の冬の事件だ。
京　院御所
ビクッ
法皇様は
いずこにおわす？

伊豆国《いずのくに》の住人北条時政、火急の用にて参上つかまつり申した。
これ！ ここはそなたのような者が昇ってはならぬ場所ぞ！
ならぬ！ ならぬ！
無位無官の者、昇殿に及ばず！
どすどす
田舎者故、礼儀を知りませぬ。なれど法皇様のお命に関わること故、是非ともお目にかかりとうござる！
構わぬ、通せ。
法皇様、それはあまりに！

直答《じきとう》を許す。北条の時政と申したな。火急の用とは何事か。
どすっ!
拙者、鎌倉殿こと源頼朝に仕える家人《けにん》にござる。
主人頼朝、此度の法皇様のなされように逆上し、この館に焼き討ちをかけると軍勢を催し、こちらに向かっております る。
焼き討ちじゃと!?身《み》が何をしたというのじゃ。
我が主を討てと、あの義経めに、院宣をお出しになったと聞き及んでおり申す!
あ、あれは…
脅されてやむなく、それ故、取り消し、新たに義経追討の院宣を出したではないか。
はてさて、逆上した者に理屈は通じませぬ。
皆の者、入って参れ!

ザザッ
何じゃ、この者どもは！
法皇様をお守りするため、我が一存にて連れ参った武者どもにござる。
されど数が足りませぬ。
主、頼朝はこの都を埋め尽くすほどの軍勢を連れて参りましょう。法皇様をお守りできるかどうか…
それにこの者らの主も他ならぬ頼朝でござる。
いつ敵に回るか知れたものではございませぬ。
何とかせよ。主の暴挙を止めるは、臣たる者の務めであろう。

何ぶんにも逆上しておりますれば、生なかな手段では…
時政。その方、わざわざここへ参ったは、何か手立てあってのことではないのか？
スッ
ご明察、恐れ入りまする。側近の者どもが主を説得したところ、法皇様がこれをお許しになるなら鉾《ほこ》を収める、と申しておるよし。
……
これを認めよと申すか。
法皇様の御裁許を賜りたく存じまする。
くっ…よ、よきにはからえ。

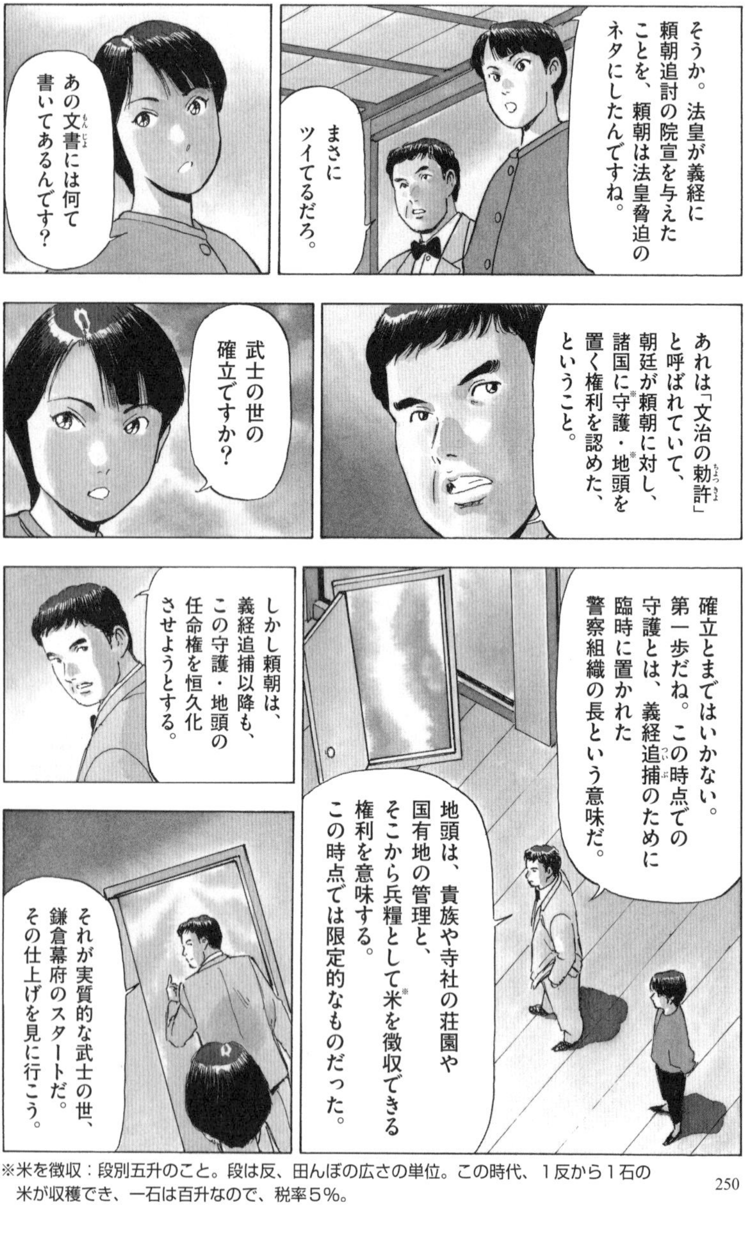
そうか。法皇が義経に頼朝追討の院宣を与えたことを、頼朝は法皇脅迫のネタにしたんですね。
まさにツイてるだろ。
あの文書《もんじょ》には何て書いてあるんです？
あれは「文治の勅許《ちょっきょ》」と呼ばれていて、朝廷が頼朝に対し、諸国に守護※・地頭※を置く権利を認めた、ということ。
武士の世の確立ですか？
確立とまではいかない。第一歩だね。この時点での守護とは、義経追捕《ついぶ》のために臨時に置かれた警察組織の長という意味だ。
地頭は、貴族や寺社の荘園や国有地の管理と、そこから兵糧として米※を徴収できる権利を意味する。この時点では限定的なものだった。
しかし頼朝は、義経追捕以降も、この守護・地頭の任命権を恒久化させようとする。
それが実質的な武士の世、鎌倉幕府のスタートだ。その仕上げを見に行こう。

※守護：治安維持のため軍事警察権を行使する地方官。国ごとに、東国の有力武士が任命された。当時の主な任務は、地頭の監督。

※地頭：荘園（寺社や貴族の私領）・国衙領（朝廷の公領）に設置された。在地御家人の中から選ばれ、軍事警察権・徴税権を持ち、土地や百姓を支配した。

※米を徴収：段別五升のこと。段は反、田んぼの広さの単位。この時代、１反から１石の米が収穫でき、一石は百升なので、税率５%。

軍事警察権と税徴収権を武士が手に入れたってことは、在地武士の土地に、朝廷は手出しできないってことですね。
そう。守護・地頭になるのは、幕府の御家人達。在地の管理者、そして支配者ってことだ。
それにしても、うまいこと考えましたね。頼朝が考えたんですか？
アイデアはあっただろうが、具体的な形にしたのは幕府の大江《おおえの》広元《ひろもと》ら文官ブレーンだ。
元々朝廷に仕えていた官僚で行政に詳しい。鎌倉幕府の基本デザインを作ったのは大江広元だよ。
その仕上げというのは、どういう形になるんですか？
最終的には、武士のトップが征夷大将軍。朝廷に任命された、その将軍が東国で駐屯している場所を幕府と呼び、その地に軍政を敷くという形になる。
ただし後白河法皇は生きている間、頼朝の征夷大将軍《せいいたいしょうぐん》任官を認めなかった。しかし、頼朝がそれに匹敵する大きな地位に就くことは認めた。その場面に行こう。

1190(建久元)年12月
京　院御所　持仏堂
北条時政が強談判してから
五年後。奥州を平定した
頼朝は武士の世を
確固たるものにするため、
自ら大軍を率いて上洛した。
流罪人として京を追われてから
三十一年ぶりの帰京だ。
まさに奇跡の
カムバックですね。

そして日本史上初のトップ会談を行なった。
貴人は原則、単独行動はしない。しかし、この時は…
二人だけで話し合った。いや、軍事力を背景に頼朝が迫ったと言った方が正しいかな。
やむを得まい。
では、今後も日本国惣《そう》地《じ》頭《とう》としてお認めくださるのですな。
そうじゃ。
かたじけなきお言葉。

ここが歴史の分岐点！
頼朝がこれからも惣地頭ってことは、変わらず全国の地頭を任命できるってことですね。
そう。これまで続いてきた土地支配の構図が根本的に変わった。
荘園・国司制から、頼朝を頂点とする武家政権の守護・地頭制にとって代わっていく。幕府の全国支配が成立した。
権限を奪われた荘園領主や国司の反発はあっても、彼らには武力がないですからね。
つまり歴史始まって以来、武士の土地所有を、朝廷は正式に認めざるを得なかった。
まさに武士の世はここから始まった。

エピソード13
源氏将軍を三代で断絶！北条一族「権力奪取」の大謀略

吾妻鏡
この『吾妻鏡《あづまかがみ》』は知っているかな？
鎌倉幕府の歴史を記した書ですね。
そう。1180（治承《じしょう》4）年の源頼政《よりまさ》挙兵から八十七年間が記述されている。
ただし、北条氏が幕府の実権を支配した※執権体制が確立してから編纂されたものだ。

※執権：鎌倉幕府の政治を統轄する最高職。三代将軍源実朝の時、北条時政が初代。以降、北条氏が世襲。

勝者の歴史書ですね。つまり北条氏に都合の悪いことは書かれていない。
その通り。
この『吾妻鏡』は※編年体だけど、特に建久7年から9年まで、三年間の記述がすっぽり抜けている。
その三年間に、何があったんですか？
※源頼朝の死だよ。
えっ、一番肝心なことじゃないですか。もしかして暗殺されたからとか？
同時代の公家の日記には病死とある。飲水の病。喉の渇きが止まらない、今で言う糖尿病だ。
『吾妻鏡』では、死の十三年後の※記述に「相模川《さがみがわ》の橋の落成式に出た頼朝がその帰路に落馬し、それが元で死んだ」とある。
武家の棟梁《とうりょう》が落馬事故？

※編年体：出来事を年代順に記す歴史叙述法。 ※頼朝の死：1199(建久10)年1月。 ※記述：1212(建暦2)年2月28日の項。

武士は乗馬の達人、事故とは考えにくい。まあ糖尿病でふらついていたなら、あり得る話だ。
問題は、源氏将軍が三代で断絶していること。
その点については、間違いなく北条氏の作為が働いているだろうね。
頼朝は晩年、自分の娘を入内《じゅだい》、つまり天皇に嫁がせようとしていた。
結局、藤原氏や平家と同じですか。
東国武士は、それを不快に思った。筆頭は北条氏だ。
せっかく東国独立を果たしたのに何を今さら、と不満を募らせた。
だからと言って、北条氏が、源氏に代わって征夷大将軍になろうにも、身分的に無理。
北条氏の権力奪取には、藤原氏が関白になって天皇の権限を奪ったように、そういう地位を武家政権でも作る必要があった。
摂関政治と執権政治は本質的に同じなんですね。
ただし、この時はまだライバルの有力御家人が多数いるから、北条氏の執権体制は成立していない。

藤原氏がライバルを蹴落としていったのと同じように、
有力御家人の比企《ひき》、畠山《はたけやま》、和田を、全て潰していかないとね。
その過程を見ていこう。
1204(元久元)年7月18日
伊豆国(静岡県)　修禅寺《しゅぜんじ》温泉
前 二代将軍
※源頼家《よりいえ》
誰ですか？
頼朝と北条政子の間に生まれた長男、二代将軍の源頼家だ。

※源頼家：頼家は、この前年、将軍職から追放されていた。

なんか機嫌悪そう。
重病で死ぬ寸前から奇跡の回復をしたものの、その間に、息子の一幡《いちまん》が母親の実家・比企一族と共に殺されたからね。
えっ、誰がそんなことを？
頼家の実母、つまり北条政子とその父の北条時政《ときまさ》だよ。
実の母なのに、そんなひどいことを…？
頼朝の乳母だった※比企尼は知ってる？
頼朝が流人《るにん》となっても、ずっと仕送りを続けて援助していた人です。
その大恩に感謝した頼朝は、比企尼の娘を頼家の乳母にし、乳母と入り婿の比企能員《よしかず》との娘、若狭局《わかさのつぼね》を頼家の妻とした。
そして、若狭局が産んだ男子が一幡。

※比企尼：比企氏出身の尼僧という意。本名不詳。比企氏は武蔵国比企郡（埼玉県）が本拠。

頼家はこの一幡を跡継ぎに指名した。
それは、北条から比企の天下になるってこと?
だから頼家が重病で死ぬと誰もが思った時、北条は先手を打って、一幡もろとも比企を滅ぼした。
北条って、とんでもない一族ですね。
それが北条の恐ろしさだ。時政も政子も弟の義時《よしとき》も、北条一族の天下のためには何でもやる。
この後、北条は、有力御家人の畠山も和田も、次々と濡《ぬ》れ衣《ぎぬ》をきせて粛清した。
謀略まみれの一族ですね。
そうしないと逆に北条が滅んでいただろうね。見ててごらん。

ジャ
ジャ
頼家の首に紐をかけ、ふぐりを摑み、身動きできないようにして刺し殺した。
これも実母政子の差し金ですか!?

刺客を差し向けたのは父時政。実行犯の指揮は弟義時らしいが、政子も共犯なのは間違いない。
この話、『吾妻鏡』にはどう書かれているんですか？
死去したとの伝令が来たとあるだけ。そもそも『吾妻鏡』は、頼家が粗暴な性格で将軍失格とし、武士団代表十三人の合議で幕府を運営したと書いている。
だが公家や僧侶の口を塞ぐことはできなかった。
頼家暗殺※の顛末《てんまつ》は、※天台座主《てんだいざす》※慈円《じえん》の歴史書『※愚管抄《ぐかんしょう》』に伝聞として書かれている。
頼家は、政子自身が産んだ子ですよね。何で殺すんですか。
タイミングが悪かった。頼家が重病で死ぬと思ったから、政子は一幡と比企一族抹殺に同意した。
まだ実子の次男、実朝《さねとも》がいるからね。北条の優位を保つには彼を将軍にするしかない。
ところが、死ぬはずの頼家が生き返って、政子や時政を深く恨むようになった。

※天台座主：天台宗総本山延暦寺の最高位。

※慈円：関白藤原忠通の子。関白九条兼実の弟。

※『愚管抄』：1220(承久2)年頃成立。『吾妻鏡』の不備を補うとされる。

※暗殺の顛末：「元久元年七月十八日に、修善寺にてまた、頼家入道をばさし殺してけり。とみに、え取り詰めざりければ、首に緒をつけ、フグリを取りなどして、殺してけりと聞こえき」

当然でしょうね。
放っておけば、いずれかの有力御家人と組んで北条の敵になる。
逆に、すぐ殺せば、※実朝が三代将軍として丸く収まる。
選択の余地なしですか。そう言えば、実朝も暗殺されたんですよね。
頼家の子で、出家させられていた※公暁《こうぎょう》にね。本来なら自分が三代将軍だったはずだと…
でも、それは『吾妻鏡』に書いてあることだからね。
真相は違うんですか？
自分の目で確かめてごらんよ。
1219(承久《じょうきゅう》元)年１月27日
相模国　鎌倉　鶴岡《つるがおか》八幡宮

※実朝：三代将軍。頼朝と北条政子の次男。後鳥羽上皇が熱中していた蹴鞠と和歌に執心。和歌は藤原定家に指導を受けた。

※公暁：二代将軍頼家の三男。母は源為朝の孫娘。父頼家の横死後、北条政子の勧めで出家。滋賀園城寺で修行後、鶴岡八幡宮寺別当となる。

実朝が右大臣昇進の神前報告のため、八幡宮に来たところだ。
右大臣
源実朝
北条義時《よしとき》
いかがなされた？
※源仲章《なかあきら》
胸が苦しい。しばし代わってくだされ。
あれは誰ですか？
体調が悪いと立ち去ったのが、北条義時。
太刀を押し付けられたのが、実朝の側近となっていた源仲章。

※源仲章：頼朝の清和源氏とは別系統の宇多源氏。後鳥羽上皇の近習。源実朝が将軍になると、関東に下向。将軍に仕え、幕府御家人となる。政所次席別当。

急病ですか？
仮病だろうね。
え？
一行が退出する時間に、先回りしよう。

親の仇《かたき》、かく討ちとったり！
あれが公暁？
顔は見えた？
見えないですよ。闇夜で雪も降ってるし。
今は二十七日※夜。月の出は深夜だ。
それに、公暁の顔を知る義時や武士団もこの場にいないからね。
公暁は、滋賀の園城寺《おんじょうじ》で修行していたが、公家の中にも顔を知る者はほぼいない。
結局、犯人が「親の仇を討った」と叫び、公暁が首を持っていたから、彼の犯行となった。
でも、それは『吾妻鏡』の記述。そして彼はほどなく死体で発見される。
死人に口なし、ですか。

※二十七日：新月から二十七番目の夜。月の出は午前3時頃。

となると、怪しいのは…
義時？
北条一族以外、考えられないですね。実朝が邪魔になった？
実朝が将軍になって十五年、その間に、※後鳥羽《ごとば》上皇とあまりにも接近しすぎた。
※和田一族が粛清された時、実朝は二十歳。血で血を洗う御家人達の権力抗争を幾度も経験した実朝がどう考えたか。
将軍として自立し、鎌倉をコントロールしようとした？
鋭いね。
しかし、実朝自ら政治を動かそうにも、後ろ楯となる有力御家人は既にいない。
しかも北条は、執権体制で将軍を棚上げにしようとしている。

※後鳥羽上皇：後白河法皇の孫。文武ともに優れ多芸多能。歌人としては『新古今和歌集』の撰定に深く関与。

※和田一族：1213年、北条に挑発され挙兵。和田合戦と呼ばれる戦いで滅亡した。

そこで実朝が実行したのが、後鳥羽上皇を後ろ楯にした将軍親政だ。朝幕の連携、公武融和だ。
二人は、和歌を通して繫がっていたからね。
実朝は将軍家政所《まんどころ》に後鳥羽側近の源仲章以下三名を迎え入れている。加えて実朝の官職※は、暗殺の前年に急上昇する。
後鳥羽は実朝の名付け親だし、実朝の御台所《みだいどころ》※は後鳥羽の従妹《いとこ》だ。
京にいながら鎌倉のコントロールを目論む後鳥羽にすれば、思惑通り。
将軍の朝幕融和体制と、執権の東国武士独立国家体制の対立だ。このままでは朝廷に幕府を乗っ取られ、東国武士政権は潰れてしまう。
それで暗殺ですか。
僕はそう考えている。
続きを見に行こう。

※実朝の官職：1218年正月の権大納言を皮切りに、左近衛大将、内大臣、同年暮れには右大臣に。

※御台所：将軍などの妻の敬称。

1221(承久3)年5月
鎌倉　将軍御所
尼将軍　北条政子
執権　北条義時
政所別当
大江広元
相当緊張してますね。
状況を説明しよう。

実朝存命の頃から、幕府には後鳥羽上皇の息子、つまり親王を将軍として立てる計画があった。
病弱な実朝には子がなく、北条にとってはその方が操りやすい。上皇側も天皇家に忠実な実朝が健在な間は、親王を鎌倉に送ってもいいと考えていた。
実朝を通じて幕府をコントロールできるからね。
ところが朝廷側の拠点とも言うべき実朝が排除された。
それに怒った上皇は、親王を将軍として送るのを拒否。
やむを得ず、政子達は頼朝の遠縁にあたる摂関家の※九《く》条《じょう》三《み》寅《とら》を鎌倉に招致し、四代将軍とした。
わずか二歳の赤ん坊だ。
政治は、尼将軍政子と執権義時が代行した。

※九条三寅：藤原頼経。両親ともに源頼朝の同母妹の孫。妻は源頼家の娘（竹御所）。

ここで、武士の勝手な政治を嫌った上皇は、義時追討の院宣《いんぜん》を出す。
御家人に義時を殺せ、と命じたわけですね。上皇命令は、ある意味、絶対ですよね。
そう。武士達が命令に従えば、東国独立政権は完全消滅の危機、背けば朝敵だ。
……
亡き頼朝公が平家を征伐し幕府を草創して以来、皆は官位を得、俸禄《ほうろく》を得ました。
その御恩は山よりも高く、海よりも深いはず――しかるに！
※逆臣らの讒言《ざんげん》によって、我らを反逆者とする綸旨《りんじ》が下されました。
名を惜しむ者は、早々に逆臣を討ち、将軍三代の御恩に報われよ！皆の鎌倉を守られよ！
それでも院方に参らんと欲する者は、今すぐ申し出られたし！

※逆臣：藤原秀康（院方総大将）、三浦胤義（三浦義村実弟）など。

何の、そのような院宣、偽物じゃ！
鎌倉を潰すための方便ぞ！
戦いまする！鎌倉殿の御為じゃ！
そうじゃ、御恩を忘れるものか！
ついに東国武士と後鳥羽上皇の戦い、承久の乱の勃発ですね。
形式的にせよ、院宣に従っているうちは独立政権とは言えない。
完全に無視してこそ本当の独立だ。
この乱の結果は、知ってるよね。
鎌倉の圧勝です。
なぜ勝てたか分かる？どちらに与《くみ》するか迷った有力御家人もいたのに。
分かりません。どうしてですか？

恩賞がまるで違った。後鳥羽は官位を与えると言い、義時は土地を与えると約束した。
疑問の余地なしですね。名誉より土地でしょ。
東国武士の願望を読み違えた後鳥羽の痛恨のミスだ。
政子・義時コンビは、この後、上皇軍を打ち破り、後鳥羽・土御門《つちみかど》・順徳《じゅんとく》の三上皇を流罪にした。
そして傀儡《かいらい》の天皇を立て、後鳥羽方の公卿《くぎょう》や武士の所領を全て没収。これで西国にも幕府の支配が及ぶようになった。
日本全国を東国武士が支配する幕府政治の始まりですね。
この体制はこれから七百年近く続く。
まさに日本史上最大の分岐点となった。
ところで義時が日本史の特徴を体現していることに気づいたかな？
どういうことです？

義時は上皇命令で殺されかけた。殺されそうになった人間は逆に相手を殺していい。つまり正当防衛だ。
しかし、義時は後鳥羽を殺さなかったし、天皇家を滅ぼして自らが天皇になろうとはしなかった。
連綿と続く日本史最大の特徴ですね。
そう。武士は天皇家を残した形で「独立」するしかない。
それが日本の歴史の心理的、宗教的連続性だ。
連続性と言えば、忘れてはいけないことがある。この時代の重要な歴史課題の解決だ。
何です?
公家と武家、日本には二つの精神的潮流がある。
武家は戦いに勝てばいいが、公家はそうはいかない。

古代暗闘編　エピソード13

1225年(嘉禄《かろく》元)年　春
比叡山延暦寺《ひえいざんえんりゃくじ》の一院
ようやく完成いたしました。
元 信濃守
藤原行長《ゆきなが》
できたか。
前 天台座主
慈円
実にめでたい。わしもそろそろ※定命《じょうみょう》が尽きる頃。間に合うてよかった。
お戯《たわむ》れを。

※定命：寿命のこと。この年の秋、慈円没。

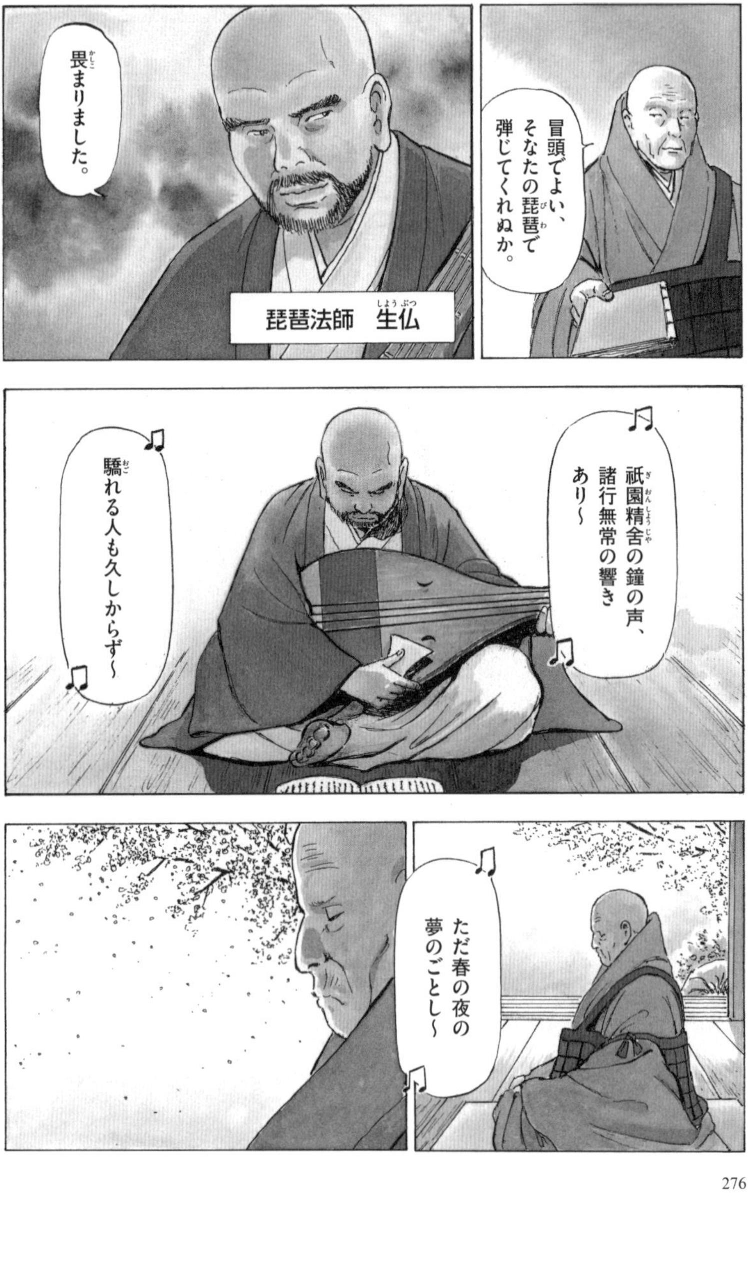

冒頭でよい、そなたの琵琶《びわ》で弾じてくれぬか。
畏《かしこ》まりました。
琵琶法師　生仏《しょうぶつ》
祇園精舎《ぎおんしょうじゃ》の鐘の声、諸行無常の響きあり～
驕《おご》れる人も久しからず～
ただ春の夜の夢のごとし～

そうか『平家物語』は公家による怨霊鎮魂プロジェクトだったんですね。
まさにその通り。この国を支配したにもかかわらず平家は滅亡し、
その血を引く幼い天皇も無念の最期を遂げた。その怨念はいかばかりか。放っては置けない。
朝廷は、出雲大社や天満宮を建て、『古今和歌集』や『源氏物語』を作り、鎮魂に努めてきた。
しかし、北条一族は怨霊など信じていない。
信じていれば、頼家を殺したり、有力御家人達を滅ぼしたりできませんよね。
その北条一族が日本を仕切るようになったため、政府として怨霊対策をやらなくなった。
だが公家からすれば、それは怠慢の極みだ。
だから慈円が『平家物語』を作らせた。

そう。天皇を中心とした公家は、怨霊、言霊《ことだま》、ケガレ忌避信仰の世界にいる。
そのため、軍事や治安維持といった国家がやるべき実際の政治は、武士が担うようになった。
つまり、神の子孫である天皇と、天皇になれない武士は、相互に補完しあう存在で、両者は共存するしかなかった。それが日本史の基本の形ということですね。
その通り。君も、いよいよ日本史の極意に近づいてきたようだね。

古代暗闘編　完

逆説コラム3 「天皇」「上皇」「法皇」「太上天皇」「治天の君」の違いを解説

天皇、上皇、法皇は「てんのう」「じょうこう」「ほうおう」と読む。同じ「皇」の字を「のう」「こう」「おう」と読み分けなければいけないので、ややこしい。これらはそれぞれどういう立場を表わすのか？

まず「天皇」になれるのは、天照大神《あまてらすおおみかみ》の子孫である天皇家の中から選ばれた前の天皇の嫡男である。南北朝時代のような異例な時代は別として、当代には一人しかいない。だから、ことさらに「天皇」と呼ぶ必要はなかった。「みかど」あるいは「おかみ」で充分だからだ。

ただし、崩御されれば歴代の天皇と区別しなければならなくなる。そこで「清和」や「醍醐」などの諡号《しごう》が選定され贈られた。すべての天皇がそうだが、例えば醍醐天皇は生前に「醍醐《だいご》」とは絶対に呼ばれなかった。まだその名前はできていないからだ。原則として、天皇が崩御された後に「学識経験者」が集まって諡号を決める。「醍醐天皇」と呼ばれるのはそれ以降だ。諡号については「古代黎明編」の〈逆説コラム5〉に詳しく書いたので、興味がある方はそれを見ていただきたい。

その天皇が生前に位を譲って引退すると、「上皇」と呼ばれる。これは実は略称で、「太上《だいじょう》天皇」というのが正式名称だ。原則として天皇経験者だが、その経験なしに上皇と呼ばれた人もいる。天皇に跡継ぎがおらず、その嫡男でない男子が天皇になった場合は、その天皇に天皇経験のない実父がいることになる。そういう天皇が実父に上皇の尊号を贈ったケースがあるわけだ。そして上皇は同時代に二人以上いることもある。現天皇の祖父と父が共に引退している場合などにそういうことになるが、上皇が複数いる場合には最上位の上皇を「治天《ちてん》の君」と呼び、そうではない「ヒラ」の上皇と区別する。上皇は奈良時代以前からあったが、「治天の君」と呼ぶようになったのは平安時代後期以降で、上皇が自分の御所である「院」から日本を支配した院政が始まってからのことである。

その上皇が仏門に入って出家すると「法皇」と呼ばれる。これも出家しなかった上皇と区別するための便宜的名称で、正式にはすべて太上天皇である。

逆説コラム4 日本史を理解する重要なキーワード「廻り道」と天皇の存在

「まわりみち」は「近道」の反対語で国語的には「回り道」と書くのが正しい。しかし、ここではあえて「廻り道」と表記させていただく。これは「平等化推進体」と同じく私が独自に創造した歴史用語だからだ。では、どういう意味か?

これこそ日本史の特徴を示す最大のキーワードなのだ。もう少し敷衍《ふえん》すれば、日本は天皇という絶対的な存在が古代において権威を確立してしまったため、後に日本を支配しようとする者は、天皇家を滅ぼし取って代わることが不可能になり、何らかの形で天皇を棚上げにして利用する「廻り道」を取らざるを得なかった、ということだ。

ここに一人の外国人がいるとしよう。その人物は、日本語は完璧に理解できるが、日本史の知識は全くない。そういう外国人に日本史とはどういうものか、他の国の歴史とどこが一番違うのかと説明するのに、最適の歴史上の人物は誰か? 織田信長、豊臣秀吉、徳川家康でもなく、神武天皇や天智天皇でもない。そういう人物を一人だけ選ぶとすれば、私は北条義時を選ぶ。おそらく多くの人は耳を疑うだろう。なぜ義時なのか、2022(令和4)年の大河ドラマの主人公ではあるが、義時はそんな大物なのかとの疑問だ。実は義時はむしろ大物というよりも、日本史の特徴を最も体現した人物なのである。

それはこういうことだ。義時は晩年「執権《しっけん》」という将軍代行の地位を得て、鎌倉幕府と後に呼ばれる武士政権のトップに立った。名目上の将軍はいるが、事実上のトップは義時だ。ところが天皇家の代表である後鳥羽上皇は、日本という神聖な国家をケガレに満ちた武士たちが仕切ることをよしとしなかった。そこで幕府を倒そうとした。具体的には、その事実上のトップである義時を討て、つまり殺せとの命令を出した。「院宣《いんぜん》」である。

それまでは天皇の命令である「詔勅《しょうちょく》」が最も重要な命令だったが、院政が確立してからは院宣が取って代わった。日本人にとっては絶対に服従すべき神聖な命令である。だから後鳥羽上皇は勝利を確信していた。義時に味方する者が少しはいるかもしれないが、多くの武士は院宣に従い義時を討つだろう。義時を討つことになれば、北条一族は徹底的に抵抗するに違いないから、結果において北条一族を皆殺しにすることと同義である。

だが、義時は勝利した。姉北条政子の説得により、御家人たちは義時に従い、天皇家に逆らい、後鳥羽上皇は軍事的に敗北した。

問題はここからだ。世界史の常識で言えば、義時はこの時点で天皇一家を皆殺しにして天皇になっていいのである。先に手を出した後鳥羽上皇は義時を殺そうとしたのである。現代の法律でも、自分を殺そうとした人間を逆に殺した場合には正当防衛が成立する。お分かりだろうか。この時点で義時は、天皇家に対して正当防衛の権利を主張することが可能だったのである。

世界史では、この立場の人間は君主の一家を皆殺しにし、自分が新しい君主になることが多い。中国では古代からそれが常識だ。明《みん》を建てた朱元璋《しゅげんしょう》は、豊臣秀吉のような下層階級の出身だが、戦争の才能には極めて恵まれており、元を滅ぼして明朝の初代皇帝となった。

また、フィクションではあるが、ウィリアム・シェイクスピアの戯曲の主人公マクベスはなぜ王を殺したのか？　自分が王になれるからである。この場合は暗殺で正当性は何もないが、義時は正当防衛という「君主一家を皆殺しにする大義名分」を持っていたのである。お分かりだろう、中国やイギリスでは、いや日本以外すべての世界では、義時は「君主になれたはず」なのである。

にもかかわらず、義時は天皇になろうとはしなかった。それは天皇が神の子孫であり、その神のＤＮＡを持つもの以外は天皇になれないという信仰が、古代から確立していたからである。

だからこそ、平安時代の藤原氏は軍事的にはいつでも天皇家を皆殺しにできる立場にいたのに、天皇が子供の頃は「摂政」、大人になったら「関白」という「令外官」まで作って、「廻り道」をしなければいけなかった。藤原「摂関」政治である。

武士たちが天下を取っても事情は同じで、天皇を棚上げにして天皇から任命された征夷大将軍という権威と役職で、日本を治めるという「廻り道」を取らなければならなかった。だからこそ、江戸幕府の末期つまり幕末において、「廻り道」などやめて「まっすぐ」にしよう、具体的には、天皇親政の国家を作ろうという改革運動に、幕府は倒されてしまったのである。

「まえがき」でも触れたが、中国史は遊牧民族と農耕民族の争いだった。だから初めて中国（田園地帯）が統一された時、それを成し遂げた秦の始皇帝は、草原地帯に住む遊牧民族の侵入を防ぐため万里の長城を造らねばならなかった。

日本がこういう歴史を辿《たど》らなかったのは、遊牧民族がいなかったからである。なぜなら、日本の国土の大部分は森林で草原が少なく、狩猟にはいいが遊牧には向かなかったからだろう。だから日本列島の先住民である「縄文人」は狩猟民族のままで、遊牧民族には「進化」しなかった。だが、その文化レベルは世界と比べても非常に高かった。「関東以北」とか「東北地方」という言い方は外国人に分かりづらいので、日本はこれを「北東北の縄文遺跡群」としてユネスコの世界文化遺産に申請し、見事にその座を勝ち取った。ユネスコは次のように評価している。

足形がつけられた粘土板や有名な遮光器《しゃこうき》土偶《どぐう》（中略）などの考古学的遺物から明らかなように、複雑な精神文化を育んだ、世界的にも珍しい先史時代の定住性のある狩猟採集社会の、並外れた証拠を示している。

（ユネスコホームページより　原文英語）

この典型的な遺跡が青森の三内丸山《さんないまるやま》遺跡《いせき》で、巨大な復元建物群で知られている。世界では狩猟文化の民は定住しない、というのが常識だ。クロマニョン人のような例外もあるが、「狩猟採集社会」の民が「複雑な精神文化」を伴う定住社会を持つことは「世界的にも珍しい」。だから世界文化遺産に登録されたのだ。

では何故それが可能だったのかと問えば、山と海がもたらした恵みがあったからだろう。つまり、狩猟だけではなく、目前の海から捕れる豊富な海産物。そして背後の山から採れる果物や木の実。これらを「採集」できたから「食料の安定供給」が可能になり文化が発達したのだ。

ところが、この縄文人の楽園にライバルが現れた。農耕民族である弥生人だ。彼らは気候温暖で稲作に適した西日本（これを日本では西国《さいごく》と呼んだ）で森林を切り開いて田畑にし、テリトリーを広げていった。だが、それほど深刻な対立は起きなかった。中国では、遊牧民族が農耕民族から略奪するのが常識であり、それ故に農耕民族は軍事防衛部門を否応《いやおう》なしに強化しなければならなかった。しかし日本では、弥生人がテリトリーを広げていっても、縄文人は積極的に対抗しなかった。農業はダメだが狩猟採集に適した、関東以北あるいは東北地方に縄文人は本拠を移した。この区域が後に東国《とうごく》と呼ばれる。

　つまり、日本列島では西国の弥生人と東国の縄文人が平和共存する時代が続いた。弥生文化は「動物を殺さない」文化だ。殺さなくても生きていける。それに対して縄文文化は「動物を殺す」文化である。どちらがスタンダードかと言えば、世界的には動物を殺す文化の方だろう。『旧約聖書』において、神に創られた最初の人類であるアダムとイブの子供、カインとアベルの兄弟は、兄カインが農作物を神に捧げ、弟アベルは羊の肉を神に捧げたが、神が受け取ったのは羊の肉だけだった。怒ったカインはアベルを殺してしまった。

　日本はまったく逆であった。西国を完全に掌握し、「弥生王」とも呼ぶべき桓武天皇は、農耕民族得意の蓄積で軍隊を整備し、漢の武帝のようにアテルイを王とする狩猟民族を征服しようとした。だが武帝との大きな違いは、軍事権を放棄したことである。「ケガレ忌避」という宗教上の要請から、桓武天皇、いや天皇家は軍事権を家臣に与えて自らは関与しなくなった。そのうち「公家」と呼ばれる家臣たちも「ケガレ忌避」という「正義」を実行し、国家にとって最も必要である軍事権・警察権を手放してしまった。

　もし日本以外の国でそれらを放棄すれば、新しく軍事権を掌握した人間によって、皇帝あるいは国王の一家は皆殺しになり、それをした人間が新しい君主になる。だが日本はそれができないために、「令外官《りょうげのかん》」や「廻り道」が必要だったのは既に述べた通りだ。こんなことができたのも日本が離れ小島だったおかげで、もしそうでなければ、あっという間に外国勢力によって日本は支配されていただろう。

　外国ならば、新しい天皇になったはずの源頼朝や北条義時が、軍事警察だけは自分たちが担当するという形で新政府を作り上げ、それが天皇家を棚上げして実質的に日本を仕切っていく――それが幕府という軍事政権だ。そして大きな視野で見れば、それは「弥生人」への「縄文人」の逆襲、と分かるだろう。

天下を統一した「日本一のツキ男」は、源頼朝か豊臣秀吉か

「日本一のツキ男」は源頼朝である、というのが私の結論だ。私独自の意見を繰り返すと、弟源義経の幸運とされる出来事もすべて兄頼朝の強運のうちだったということだ。その証拠に、頼朝と決別した後の義経は極端な不運に見舞われており、それらはすべて頼朝の幸運に繋がっている。義経が大物浦《だいもつうら》（兵庫県）の遭難でほとんどの財宝と兵力を失ったこともそうで、その結果、義経が奥州藤原氏に保護を求めたため、頼朝は戦わずして義経を殺し、奥州藤原氏を滅ぼすきっかけを得ることもできた。ものすごいツキ男ではないか。

実は頼朝には「俺の方が上だ」という「自称ライバル」がいる。それは後に天下を統一した豊臣秀吉である。秀吉は天下を統一する前、最後のライバルとも言うべき関東の北条氏を攻め、小田原城を降伏させ開城に追い込んだが、その帰途に武家政権発祥の地である鎌倉に立ち寄り、鶴岡八幡宮を参拝した。その際、祀られていた頼朝の木像に親しげに語りかけた。その内容は、「貴公とわしは共に何も持たないところから天下を取った。しかし貴公には源氏の御曹司という金看板があったが、わしには氏素性《うじすじょう》はない。そこから天下を取ったのだから、貴公とわしは天下友達だが、わしの方が上でわしの勝ちだ」というものだ。

載っている史料が『名将言行録』という近世のものなので歴史的事実ではないとする人もいるが、いかにもパフォーマンスの大好きな秀吉がやりそうなことなので、私は事実だったと思う。厳密には、スタートラインは自分の方が「後ろ」だったのだから、天下人の力量としては自分の方が上だと秀吉は言っているので、「俺のツキの方が上だった」と言っているわけではない。しかし秀吉の一生を見れば、彼も「日本一のツキ男」の有力候補ではある。しかし、やはり私は源頼朝の方がツキ男だと思う。何よりも敗軍の中で、敵に捕まったのに処刑されなかったツキは本当にすごい。通常なら絶対あり得ないことだ。

ただし、頼朝も秀吉も子孫（男系）は絶滅している。素晴らしい幸運に恵まれたものの、その幸運は一代限りで終わってしまった。その意味では「神様は公平」なのかもしれない。

■作画参考資料■

『冠帽図会』(国立国会図書館デジタルコレクション)
『桓武天皇像』(延暦寺所蔵)
『絹本著色伝源頼朝像』(神護寺/京都国立博物館寄託保管)
『絹本著色義朝最期図』(大御堂寺所蔵)
『洛中洛外図屏風(歴博甲本)』(国立歴史民俗博物館WEBギャラリー)
『絹本著色聖徳太子及天台高僧像　十幅のうち　最澄像』(一乗寺所蔵)
『紙本著色織田信長像』(長興寺所蔵/豊田市美術館保管)
『承久記絵巻』(高野山龍光院所蔵)
『前賢故実』(国立国会図書館デジタルコレクション)
『文徳天皇像』(法金剛院所蔵)
『平治物語絵巻　六波羅合戦巻(摸本)』(遠山記念館所蔵)
『慕帰繪々詞 10巻 巻2(模写)』(国立国会図書館デジタルコレクション)
『紙本著色北野天神縁起(承久本)』(北野天満宮所蔵)

宮内庁参観案内オンライン
御寺泉涌寺HP
神戸東洋日本語学院HP(日本の夏の風物詩〜浴衣編〜)
東大寺HP
日本財団図書館オンライン(船の科学館ものしりシート)
風俗博物館HP(日本服飾史)
平城宮跡歴史公園HP
平等院HP
蓮華王院三十三間堂HP

東三条殿復元模型(国立歴史民俗博物館展示)
平安京復元模型(平安京創生館展示)
平安京羅城門復元模型(京都文化博物館展示)

■おことわり/本文中の引用文献に、現代では差別とされる表現がありますが、人権意識が低い当時の社会情勢を知るために、あえて原文のまま掲載しました。

■初出/本書は、小学館のウェブマガジン「P+D MAGAZINE」(2021年10月〜2022年12月配信)に連載された同名作品を加筆改稿し再構成したものです。

●本文デザイン/ためのり企画
●校正/玄冬書林
●編集協力/大島 誠
●編集/山内健太郎
●企画プロデュース&編集/西澤 潤

［古代暗闘編］ 略年表

		日本	諸外国 ※中＝中国 朝＝朝鮮
660			朝唐・新羅連合軍、百済を滅ぼす
668			朝唐・新羅、高句麗を滅ぼす
676			朝新羅が朝鮮半島を統一
755			中安史の乱。安禄山と史思明、洛陽を占領
763			中唐、反乱軍を破る
770	（宝亀元）	称徳天皇崩御。白壁王、即位して光仁天皇となる	
772	（宝亀3）	井上皇后、他戸皇太子、身分を剥奪される（775年、流罪先で殺害される）	
781	（天応元）	桓武天皇、即位	
784	（延暦3）	長岡京へ遷都	
794	（延暦13）	平安京へ遷都	
801	（延暦20）	坂上田村麻呂、アテルイを破り蝦夷を征服	
858	（天安2）	藤原良房、人臣初の摂政となる	
887	（仁和3）	藤原基経、関白となる	
894	（寛平6）	遣唐使の廃止	
901	（延喜元）	菅原道真、大宰府へ左遷	
907			中唐、滅亡。五代十国時代が始まる（〜979）
935			朝新羅が滅亡し、高麗が朝鮮半島を統一
939	（天慶2）	平将門の乱	
979			中宋が中国を統一
969	（安和2）	安和の変。源高明、大宰府へ左遷	
1017	（寛仁元）	藤原道長、太政大臣となる	
1051	（永承6）	前九年の役（〜1062）	
1083	（永保3）	後三年の役（〜1087）	
1086	（応徳3）	白河上皇、院政を始める	

1126	中 靖康の変（～1127）
1127	中 宋が金に滅ぼされ、南宋として復興（～1279）。中国は北の金、南の南宋の二国統治に
1132（長承元）	平忠盛、殿上人となる
1156（保元元）	保元の乱。崇徳上皇、讃岐に配流
1159（平治元）	平治の乱。平清盛、源氏を倒す
1167（仁安2）	平清盛、太政大臣となる
1180（治承4）	以仁王の令旨。各地で源氏が挙兵。安徳天皇、即位
1185（文治元）	源義経、屋島の戦い、壇ノ浦の戦いに勝利。平家の滅亡
1190（建久元）	源頼朝、上洛し後白河法皇と会談
1192（建久3）	頼朝、征夷大将軍となる
1199（正治元）	頼朝、死去。源頼家、家督相続し鎌倉殿となる。13人の合議制に
1203（建仁3）	頼家、将軍を廃され、源実朝が三代将軍となる。北条時政、執権となる
1204（元久元）	頼家、修善寺で北条時政・義時に謀殺される
1206	中 チンギス＝ハン、即位（～1227）
1213（建保元）	北条義時、執権となる。侍所別当を兼任
1219（承久元）	実朝、鶴岡八幡宮で暗殺される
1221（承久3）	承久の乱。後鳥羽・土御門・順徳の三上皇を配流
1224（元仁元）	北条泰時、執権となる
1225（嘉禄元）	慈円、死去
	☆この頃、『平家物語』成立
1271	中 元、建国（～1368）
1868（慶応4）	明治天皇、崇徳上皇の神霊を京都へ迎える
1964（昭和39）	昭和天皇、崇徳陵に高松宮を送り東京五輪の成功を祈る

井沢元彦　MOTOHIKO IZAWA
作家。1954年2月、愛知県名古屋市生まれ。早稲田大学法学部を卒業後、TBSに入社。報道局社会部の記者だった80年に、『猿丸幻視行』で第26回江戸川乱歩賞を受賞。『逆説の日本史』シリーズは単行本・文庫本・ビジュアル版で累計573万部超のベスト&ロングセラーとなっている。『コミック版 逆説の日本史』は小学館のウェブサイト「小説丸」で連載中。主な著書に、構想15年の新たなライフワーク『逆説の世界史』シリーズの他、『日本史真髄』、『天皇の日本史』、『言霊』などがある。また、YouTubeでも『井沢元彦の逆説チャンネル』を好評配信中。

千葉きよかず　KIYOKAZU CHIBA
漫画家。1961年4月、静岡県御殿場市生まれ。高校卒業後、漫画家・村上もとか氏のアシスタントを経て、『赤いペガサスII・翔』で連載デビュー。主な代表作に『ソラモリ』(原作／村上もとか)、『DANCING THUNDER』などがある。

コミック版　逆説の日本史
古代暗闘編
2023年9月2日　初版第1刷発行

著　者　井沢元彦、千葉きよかず
発行者　石川和男
発行所　株式会社 小学館
〒101-8001
東京都千代田区一ツ橋2-3-1
電話　編集 03-3230-5126
販売 03-5281-3555
印刷所　凸版印刷株式会社
製本所　株式会社若林製本工場

ISBN978-4-09-389128-8